ZEITREISE

DURCH DEN LANDKREIS

ESSLINGEN

STEFFEN SEISCHAB

ZEITREISE
DURCH DEN LANDKREIS
ESSLINGEN

Menschen, Orte und Ereignisse,
die Geschichte schrieben

SILBERBURG

INHALT

Strickgarnherstellung bei A. Melchior in Nürtingen, 1950er Jahre.

Weltgerichtsportal an der Esslinger Frauenkirche, um 1400.

Grusswort

Fünfzig Jahre Landkreis Esslingen – fünfzig Persönlichkeiten, Ereignisse, historische Orte und besondere Fundstücke aus über 2000 Jahren Geschichte: Steffen Seischab spannt aus Anlass des fünfzigjährigen Kreisjubiläums im Jahr 2023 einen weiten Bogen und nimmt in kurzen Schlaglichtern in den Blick, was unseren Landkreis geprägt hat – nicht allein in den letzten 50 Jahren seit dem Zusammenschluss der Altkreise Esslingen und Nürtingen, sondern weit über die Jahrhunderte, sogar Jahrtausende hinweg.

Große Umwälzungen finden sich hier neben kleinen Überraschungen, bedeutende historische Gestalten neben fast vergessenen Persönlichkeiten. Als profunder Kenner der Kreisgeschichte präsentiert Steffen Seischab unterhaltend und anschaulich, was und wer unseren Landkreis zu dem gemacht hat, was er heute ist: eine vielfältige, wirtschaftsstarke und lebenswerte Region und ein Gemeinwesen, das von vielen Engagierten in Vereinen, Gesellschaft, Politik und Kultur mitgestaltet wird. Der Autor konzentriert sich dabei nicht nur auf Personen und Ereignisse, sondern schaut beispielsweise auch auf die Landschaft und ihre Nutzungsgeschichte, auf die Wirtschaft und den Verkehr, auf Kunst und Architektur.

Dieser vielfältige Blick macht deutlich, dass trotz aller schweren Zeiten, mit denen unsere Vorfahren konfrontiert waren, ihr Handeln stets auf die Zukunft gerichtet war: Sie haben sich nicht mit Not und Unterdrückung abgefunden, sondern mit Energie und Tatkraft, mit Optimismus und Verstand an einer besseren Zukunft gearbeitet und den Landkreis Esslingen mit harter Arbeit und trotz vieler Rückschläge zu einer der wirtschaftsstärksten Regionen weltweit gemacht. Lassen Sie sich von den Geschichten inspirieren, lernen Sie Zusammenhänge kennen, die zeigen, dass hier, im Herzen des Landes, im Landkreis Esslingen, auch in Zukunft der Puls der Zeit schlägt!

Heinz Eininger
Landrat

Albdorf im Freilichtmuseum Beuren.

Vorwort

50 Jahre Landkreis Esslingen: das ist ein Grund zum Feiern. Dieses Buch möchte einen kleinen Beitrag dazu leisten, indem es den Leser auf eine Zeitreise mit 50 Stationen durch die Geschichte des Kreises, seiner Menschen und seiner Orte entführt. Sie beginnt mit der Beschreibung der geografischen Gegebenheiten und endet in der unmittelbaren Gegenwart.

Wenn der Leser an der einen oder anderen Stelle aussteigen und sich selbst ein Bild der Verhältnisse machen möchte, so findet er im Text und mithilfe der Weblinks am Seitenende Hinweise, wo und wie er sich auf den Weg machen kann. Wenn dies dazu führt, dass er den Kreis Esslingen noch besser kennen und lieben lernt, dann ist das Ziel dieses Buchs erreicht.

Danken möchte ich den vielen Kultureinrichtungen im Landkreis Esslingen und ihren Mitarbeitern für die Unterstützung und Bettina Kimpel vom Silberburg-Verlag für Anregung, Betreuung und Lektorat. Es ist schön, das reiche und vielfältige historische Kulturerbe des Kreises und die zahlreichen Institutionen, die sich liebevoll seiner Pflege widmen, einer breiten Öffentlichkeit vorstellen zu können.

Linsenhofen, im Sommer 2022
Steffen Seischab

Blick vom Beurener Fels auf Beuren und im Hintergrund Neuffen.

Vor 200 bis 150 Millionen Jahren

Das schwäbische Urmeer: die Alb

»Hinter der blauen Mauer«, so hat Ernst Waldemar Bauer frei nach Mörike seinen schönen Bildband über die Schwäbische Alb betitelt. Tatsächlich ragt die Albhochfläche wie eine Mauer empor, die die Landschaft in das Land auf und vor der Alb teilt.

Kaum jemand würde beim ersten Blick denken, dass es sich bei der Alb um Kalkablagerungen eines ehemaligen Urmeeres handelt. Tatsächlich ist es ein eigenartiges Gefühl, auf die Reste eines Meeres aus der Zeit von vor 200 bis 150 Millionen Jahren zu blicken, an das uns die im Kalkstein enthaltenen Fossilien erinnern.

Wer einmal die Albfläche erklommen hat, findet eine gegenüber dem Albvorland gänzlich veränderte Landschaft vor. Sanft gewellte Felder und Wiesen, ein oft deutlich kühleres Klima sowie eine wesentlich lockerere Siedlungsstruktur vermitteln einen ganz anderen Eindruck. Urbane Hektik wie im Neckartal oder im Stuttgarter Kessel scheint hier ganz weit weg.

Ein wichtiger Grund für die relativ dünne Besiedlung der Alb war der lange Zeit notorische Wassermangel, da das Kalkgestein extrem wasserdurchlässig ist. Nur an wenigen Stellen wie ehemaligen Maaren wird auf natürliche Weise Wasser zurückgehalten. Das in den Boden einsickernde Wasser hat im Laufe der Jahrmillionen zahllose Hohlräume im Gestein ausgespült, was eine faszinierende Höhlenlandschaft hat entstehen lassen. Eines der schönsten Schauhöhlenensembles sind die Gussmann- und die Gutenberger Höhle im Lenninger Tal oberhalb Gutenbergs, die wochenends außer in den Wintermonaten, in denen die Fledermäuse in den Höhlen Quartier halten, mit einer Führung besichtigt werden können. Es gibt zahlreiche weitere Höhlen im Kreisgebiet, die zum Teil selbstständig mit der entsprechenden Ausrüstung erkundet werden können.

Das Problem des Wassermangels auf der Alb ist inzwischen natürlich längst behoben, aber es bleiben die langen Pendelwege in die industriellen Zentren. Dafür verspricht das ländliche Ambiente Lebensqualität, und es locken billigere Grundstückspreise. Vielfach sind großflächige Neubaugebiete aus dem Boden gesprossen, deren Dimensionen die Enge gewohnten Städter erstaunen lassen.

Die meisten von ihnen suchen am Wochenende den Albrand auf, der von zahlreichen »Zeugenbergen«, teils ehemaligen Vulkankegeln aus härterem Gestein, die der Witterung standgehalten haben, gesäumt wird. Von diesen oft von Burgen gekrönten Bergen hat man eine hervorragende Aussicht, und gelegentlich kann man beim Blick von dort auf den Albrand genau die oben erwähnte »blaue Mauer« sehen.

Aus dem Gegensatz zwischen Alb und Albvorland gewinnt unsere Gegend ihren Reiz. Wer sie kennenlernen will, sollte beide Teile erleben.

Albrand beim Randecker Maar.

Seit langer Zeit ...

Der schwäbische Fluss: Neckar

Ein majestätischer Strom ist er nicht, der Neckar. Eher sanft schlängelt er sich bis nach Plochingen, um sich dort dank menschlicher Eingriffe in einen breit ausgebauten Schifffahrtskanal zu verwandeln. Was wäre unser Land wohl ohne den schwäbischsten aller Flüsse? Unvorstellbar.

Dem eher unaufgeregten Wesen des Neckars entsprechend, ist er eingebettet in sanftes Hügelland. Nördlich von Esslingen hat der Weinbau die Hänge erobert, während die Ebene inzwischen stark zersiedelt und zu einer regelrechten Industriegasse geworden ist. Wer Bilder des Neckartals aus der ersten Hälfte des 20. Jahrhunderts sieht, kann kaum glauben, dass es sich um das gleiche Gebiet handelt.

Rund 360 Kilometer legt der Neckar von seinem Quellgebiet im Schwarzwald bis zur Mündung bei Mannheim in den Rhein zurück, und auch wenn er an Größe gegenüber Letzterem deutlich zurücksteht, so läuft doch fast alles in der Region auf ihn zu. Im Kreis Esslingen bildet das Neckartal außerdem einen natürlichen Abschluss des Albvorlandes. Westlich von ihm beginnt die Filderebene, sodass das Kreisgebiet hier ganz organisch in zwei Teile geteilt wird.

Früher wurde auf dem Fluss Schwarzwaldholz in großen Mengen herabgeflößt, heute wird mit Wasserkraftwerken Energie aus ihm gewonnen. Das Baden im Neckar ist heute leider nicht mehr möglich, was schade, aber angesichts der zum Teil sehr starken Strömung vernünftig ist.

Manche Biografie hat sich entlang des Neckars entwickelt. So diejenige des Dichters Hölderlin, 1770 in Lauffen geboren, dann in Nürtingen aufgewachsen und schließlich nach Tübingen zum Studium gezogen. In seiner um 1800 in Nürtingen oder Stuttgart entstandenen Ode *Der Neckar* hat er den heimatlichen Fluss liebevoll besungen:

»In deinen Tälern wachte mein Herz mir auf / Zum Leben, deine Wellen umspielten mich, / Und all der holden Hügel, die dich / Wanderer! kennen, ist keiner fremd mir.

Auf ihren Gipfeln löste des Himmels Luft / Mir oft der Knechtschaft / Schmerzen; und aus dem Thal, / Wie Leben aus dem Freudebecher / Glänzte die bläuliche Silberwelle.

Der Berge Quellen eilten hinab zu dir, / Mit ihnen auch mein Herz / Und du nahmst uns mit, / Zum stillerhabnen Rhein, zu seinen / Städten hinunter und lustgen Inseln.«

Heute kann man auf dem Neckarradweg bequem den Fluss entlangradeln und seine Landschaft erleben. Oder aber ein Kanu leihen und ihn befahren. Oder einen Neckartäler Wein trinken. Auf jeden Fall aber sollte man sich auf ihn einlassen. Denn ohne den Neckar ist, wie gesagt, unsere Landschaft unvorstellbar.

Der Neckar bei Neckarhausen.

Vor 180 Millionen Jahren

Kunstformen der Natur: versteinerte Seelilien

Sie sind weltberühmt: die präparierten fossilen Seelilien des Urweltmuseums Hauff in Holzmaden. Auch wenn man von Versteinerungen nichts versteht, ist man doch von dem Anblick der gigantischen Kolonie der Gattung Seirocrinus fasziniert, die sich, auf einem 13 Meter langen Treibholz angesiedelt, auf einer Fläche von 18 Meter Länge und 6 Meter Breite erstreckt. Auf langen, geschwungenen Halmen thronen die fein gemaserten Seelilienblätter wie wunderbar zarte, filigrane Fächer, sich sanft im Rhythmus der Wellen wiegend. Claude Monet hätte eine solche Szenerie nicht schöner malen können.

K*unstformen der Natur*, so hat der Jenaer Zoologe Ernst Haeckel sein 1904 erschienenes berühmtes Buch mit lithografischen Darstellungen von Lebewesen betitelt und damit darauf aufmerksam gemacht, welche ästhetischen Schätze die Natur uns bietet.

Diese Beobachtung lässt sich uneingeschränkt auf die Welt der Versteinerungen übertragen, wobei hier allerdings zusätzlich der Umstand zu berücksichtigen ist, dass ein Fossil erst aufgefunden und dann sorgsam präpariert werden muss, um seine volle ästhetische Wirkung zu entfalten. Dann allerdings, wie uns die vielen wunderschönen Stücke der Sammlung Hauff bezeugen, umso eindrücklicher. Der Akt der Präparation ist konstitutiv für ein Fossil, und damit wird es vom reinen Naturgegenstand zu einem künstlerischen Objekt. Es ist also abhängig von der Einstellung des Menschen zu seiner Umwelt: Er muss erst eine Neugierde für das Sammeln und Studieren von Versteinerungen entwickeln.

Diese Neugierde ist im Wesentlichen ein modernes Produkt. Wohl wurden schon im Altertum Versteinerungen wie Dinosaurierknochen oder fossile Meerestiere aufgefunden, die vielleicht als reale Grundlage mythischer Erzählungen über die angebliche Existenz von Riesen oder Ungeheuern dienten oder der Sintflutlegende Beweise liefern sollten. Auch in frühneuzeitlichen Kuriositätenkabinetten europäischer Fürsten hingen solche Exponate, vom Betrachter bestaunt und von einigen Gebildeten studiert und zur Grundlage aller möglichen Theorien gemacht.

Als ein Breitenphänomen tritt das Sammeln und Präparieren von Versteinerungen allerdings erst im 19. Jahrhundert auf, und bis heute ist die davon ausgehende Faszination ungebrochen. Aktiv kann man sie im Kreis Esslingen erleben, wenn man mit Hammer und Meißel in einen der zum Suchen freigegebenen Steinbrüche bei Ohmden fährt und in ihnen seine eigenen Schätze findet. Oder aber man besucht das *Urweltmuseum Hauff* in Holzmaden und bestaunt dort viele spektakuläre Funde von atemberaubender Schönheit. www.urweltmuseum.de

Versteinerte Seelilie der Gattung *Seirocrinus subangularis.*

Um 5300 v. Chr.

Begehrte Wohnlage: eine jungsteinzeitliche Siedlung

Schon in der Steinzeit scheinen das Neckartal und das Albvorland wegen der fruchtbaren Lösslehmböden und vielen Fließgewässer sehr lebenswert gewesen zu sein, wie Ausgrabungen auf dem Kirchheimer Hegelesberg zeigen.

Bereits in den 1930er Jahren hatten bei einer Sondierungsgrabung gefundene Scherben und Steinbeile auf eine jungsteinzeitliche Ansiedlung der sogenannten Linearbandkeramiker, einer bäuerlichen Kultur, hingewiesen. Im Zuge der Erschließung eines Gewerbegebiets 2014/15 neu gemachte Beobachtungen und Funde förderten nun ein ganzes Dorf zutage.

Dieses Dorf bestand aus für diese Kultur typischen Langhäusern in Pfostenbauweise mit einer Länge von 20 Metern und mehr. Insgesamt mehr als 20 Häuser konnten anhand von Hausgrundrissen, Pfostenspuren sowie Abfall- und Lehmentnahmegruben identifiziert werden. Die tatsächliche Zahl dürfte aber deutlich höher liegen, da die Grabungen nur einen Teil des Siedlungsareals umfassen und sich manche Spuren im Laufe der Zeit verloren haben. Allerdings stammen die Häuser aus verschiedenen Phasen der Besiedlung.

Im südöstlichen Teil der Gebäude waren die Pfosten mächtiger oder doppelt gesetzt, was darauf schließen lässt, dass dort die Speicherräume lagen, während der Nordwestteil für Wohnen und Schlafen vorgesehen war. Die Dächer waren aus Reet, Stroh oder Rinde, die Wände aus dünnen Hölzern geflochten und mit Lehm verputzt, so wie wir das von Fachwerkhäusern kennen.

Für die zeitliche Einordnung der Siedlungsbefunde ist die auf dem Hegelesberg gefundene bandkeramische Töpferware von Bedeutung, die eine Datierung auf die Zeit um 5300 vor Christus ermöglicht. Auch einige Vorratsgefäße haben sich erhalten, dagegen nur wenige Steinartefakte wie Beile oder Klingenfragmente. Die Größe der Siedlung am Hegelesberg legt nahe, dass das Kirchheimer Gebiet in der Jungsteinzeit eine wichtige Rolle gespielt hat. Dies scheint auch für die folgenden Epochen zu gelten: 1938 wurden westlich des heutigen Krankenhauses drei Skelette aus dem Zeitraum 2300 bis 1800 vor Christus gefunden, die mit bronzenen Dolchen, Nieten und Armreifen ausgestattet waren. Und auch ein stattliches Frauengrab aus der Hallstattzeit hat man auf dem Hegelesberg ergraben, das aufgrund seiner kleinen schwarzglänzenden Perlen aus fossilem Holz (Gagat) auf 600 bis 500 vor Christus datiert werden kann. Für die eisenzeitlichen Kelten waren auch die Erzvorkommen in der Gegend interessant. Mehr hierzu kann man im *Kirchheimer Stadtmuseum im Kornhaus* erfahren.

Damals schon war die Kirchheimer Region also ein begehrter Wohnort, wenn auch bei Weitem nicht so dicht besiedelt wie heute. www.kirchheim-teck.de/museen

Goldene Schläfenringe aus einem Frauengrab, um 600/500 v. Chr.

1. Jh. v. Chr.

Eine keltische Großsiedlung: »Elsachstadt«

Asterix und Obelix könnten auch im Landkreis Esslingen gelebt haben. Auf der Albhochfläche bei Erkenbrechtsweiler, Hülben und Grabenstetten befand sich im 1. Jahrhundert vor Christus eine der größten keltischen Siedlungen Mitteleuropas.

Zu diesem Zeitpunkt gab es hier allerdings noch keine römische Besatzungsmacht. Während Caesar in den Jahren 58 bis 50 vor Christus Gallien eroberte, griffen die Römer erst unter seinem Stiefsohn Augustus und dessen kaiserlichen Nachfolgern im 1. Jahrhundert nach Christus aufs rechtsrheinische Germanien über. Heftige Kämpfe zwischen Galliern und Römern hat es hier also, anders als in der Welt des Comics, nicht gegeben, dafür eine hochentwickelte keltische Zivilisation, wovon nicht nur die baulichen Reste der Siedlung, sondern auch archäologische Funde zeugen.

Das auf einer Albzunge, der »Grabenstetter Halbinsel«, gelegene Gelände des keltischen Oppidums besaß einen äußeren und einen inneren Befestigungsring, die als Erdwälle (sogenannte »Heidengräben«) noch heute in der Landschaft gut erkennbar sind. Allein auf der Straße vom Burrenhof über Grabenstetten nach Böhringen fährt man an mehreren dieser Wallanlagen vorbei, an denen sich auch schön entlangwandern lässt und man über einen *Kelten-Erlebnis-Pfad* Informationen vor Ort erhält. Eine keltische Toranlage findet sich rekonstruiert am Ortsausgang von Erkenbrechtsweiler Richtung »Bassgeige«.

Innerhalb des inneren Befestigungsrings lag der größte Teil der Siedlung, die nach einem unterhalb des Oppidums in der Falkensteiner Höhle entspringenden Bach auch »Elsachstadt« genannt wird. Archäologische Funde wie Münzen oder Amphoren zeugen von einer ausgeprägten Fernhandelstätigkeit der keltischen Bewohner des günstig in der Nähe wichtiger Verkehrswege (Lenninger Tal, Ermstal, Seeburger Tal) gelegenen Oppidums, das als flächenmäßig größte Siedlung Mitteleuropas gilt. Also kein Vergleich zu den räumlich eher beengten Verhältnissen in Asterix' und Obelix' Dorf mit lauter feindlichen Römerlagern in nächster Nähe.

Älter als die »Elsachstadt« ist das markante Hügelgräberfeld beim Burrenhof. Die Grabstellen stammen aus der Hallstattzeit (650–450 vor Christus) und sind von Archäologen der Universität Tübingen ausgewertet worden.

Näheres über die Bewohner der »Elsachstadt« wird demnächst in einem Museum *Erlebnisfeld Heidengraben* zu erfahren sein, das die heute im Gebiet des Oppidums liegenden Gemeinden Erkenbrechtsweiler, Grabenstetten und Hülben gemeinsam mit Unterstützung des Landes betreiben wollen. https://kelten-erlebnis-pfad.de

Keltisches Zangentor bei Erkenbrechtsweiler (Rekonstruktion).

85 bis 90 n. Chr.

Besatzer oder Sendboten der Zivilisation? Die Römer

Zivilisatorische Mission und militärischer Eroberungsdrang gehen häufig miteinander Hand in Hand. Ein gutes Beispiel ist die Pax Romana im oberen Germanien, die Herrschaft der Römer im Gebiet des heutigen Südwestdeutschland.

Das *Imperium Romanum* kam in mehreren Etappen nach Germanien. Nachdem Caesar Gallien erobert hatte, setzte sein Nachfolger Augustus zur Eroberung des germanischen Nachbarlands an, musste aber nach der verlorenen Varusschlacht seine Ziele zurücknehmen. In der Folge beschränkte man sich auf eine etappenweise Besetzung des südlichen Teils, der durch den sogenannten Limes gesichert wurde. Unter Kaiser Domitian (81 bis 96) rückten die Römer bis zu Neckar und Main vor. Unter den Grenzbefestigungen nahm das Kastell *Grinario*, von dem sich der Name des heutigen Orts Köngen ableitet, eine wichtige Rolle ein. Der um 85/90 nach Christus errichtete Militärstützpunkt sicherte die von Cannstatt nach Rottenburg verlaufende Straße ab. In ihm war eine rund 500 Mann starke Hilfstruppe aus Infanterie- und Kavalleriesoldaten stationiert.

Wie bei allen römischen Militäranlagen, so beeindruckt auch hier die Regelmäßigkeit: ein mit einem Mauergürtel und Türmen befestigtes Rechteck, dessen Mitte von der Kommandantur, dem Appellplatz und den Heiligtümern gebildet wird, während in den Ecken Mannschaftsbaracken, Pferdeställe und Werkstätten untergebracht waren.

Die Grenze zum freien Germanien sollte man sich aber nicht geschlossen vorstellen. Es existierte ein reger Handel und Verkehr, und gerade Grenzorte wie Köngen waren zentrale Warenumschlagplätze, zumal die dort stationierten römischen Soldaten vielen Menschen Beschäftigung gaben. So entstand rings um das Kastell auch eine Siedlung (*vicus*).

Als in den 150er Jahren der Limes auf die Linie Walldürn-Lorch vorverlegt wurde, zog die in Köngen stationierte Einheit dorthin um und das Kastell wurde aufgegeben. Auf dem Gelände ließ sich jetzt die Zivilbevölkerung nieder. Dass die Herrschaft der Römer in diesem Grenzgebiet nicht unangefochten war, beweist ein Münzfund aus dem Jahr 246 nach Christus: Bewohner Grinarios vergruben ihr Erspartes im Boden, weil sie mit einem Überfall der Germanen rechneten. Dieser kam 259/260, die Römer mussten sich bis zum Rhein zurückziehen.

Geblieben sind von den Römern zahllose Spuren ihrer hochentwickelten Zivilisation, aber auch Relikte ihrer Militärherrschaft. Besichtigen kann man sie in einem Museum auf dem Gelände des ehemaligen Kastells, dem *Römerpark Köngen*. www.museum-koengen.de

▲ Köngen (Grinario) auf einer spätantiken Straßenkarte (Tabula Peutingeriana).
▼ Rekonstruktion eines Eckturms des Römerkastells Köngen.

Ab 259 n. Chr.

Der alamannische »Barbareneinfall«: ein Mythos?

Wer sein Geld im Boden vergräbt, muss handfeste Gründe dafür haben. So war es auch im Jahr 246 nach Christus, als römische Bewohner von Grinario (= Köngen) ihr gesamtes Geld in einem Tongefäß in der Erde versteckten.

Dieser sogenannte »Hortfund von Köngen« zeugt von einer nicht unbegründeten Angst der damaligen Bevölkerung, dass die im Zuge der Völkerwanderung westwärts drängenden Germanen auch die Grenze des Römischen Reichs, den Limes, stürmen könnten.

259 war es so weit. Die Alamannen überwanden den Limes, und die Römer zogen sich auf das Gebiet westlich des Rheins zurück. Die da kamen, waren allerdings nicht die finsteren »Barbaren«, zu denen die römische Geschichtsschreibung die Germanenvölker stilisierte. Ausgrabungen bei Kirchheim in den 1920er Jahren, bei denen man im »Rauner« ein riesiges Gräberfeld von über 400 Gräbern entdeckte sowie Relikte einer frühmittelalterlich-alamannischen Siedlung westlich der Altstadt im »Paradiesle« mit weiteren rund 80 Grabstellen, zeichnen anhand der zum Teil sehr stattlichen Grabbeigaben das Bild einer recht entwickelten Kultur, die sich ab dem 6. Jahrhundert auch dem Christentum öffnete. Das belegen unter anderem Funde von Goldblattkreuzen sowie christliche Ornamente. Für die Alamannen war das Albvorland wegen der attraktiven römischen Zivilisation sowie der günstigen Verkehrslage interessant. Außerdem beuteten sie die Doggererzvorkommen aus, aus denen sie mit sogenannten »Rennöfen« Metall gewannen.

Mit dem Vordringen der Franken in den südwestdeutschen Raum ab dem 6. Jahrhundert zeigen sich in den Gräbern auch fränkische Kultureinflüsse, wie bei der Ausstattung eines wohl adligen Kriegers auf dem Raunerfriedhof, der über eine typisch fränkische Wurfaxt (Franziska) und Lanze (Ango) verfügte. Besonders bemerkenswert ist das 1963 in der Martinskirche gefundene Grab eines adeligen, wahrscheinlich fränkischen Mannes, der in der ersten Hälfte des 7. Jahrhunderts verstorben sein muss und als »Stifter« eines möglicherweise aus Holz errichteten Vorgängerbaus der heutigen Pfarrkirche gilt, die den Namen von St. Martin, des »Nationalheiligen« der Franken, trägt. Damit laufen Verbindungslinien der spätantiken, christlich-römischen Kultur (Martin war ein römischer Soldat gewesen) bis ins frühe Mittelalter in unserer Region, vermittelt durch Alamannen und Franken.

Betrachten kann man viele dieser Funde im *Stadtmuseum Kirchheim im Kornhaus*, das über eine reiche archäologische Sammlung verfügt. www.kirchheim-teck.de/museen

Kulturzeugnisse aus der Alamannenzeit in Kirchheim: eine dreiteilige Gürtelgarnitur aus Eisen mit silbernen Einlegearbeiten und ein Knochenkamm.

777 n. Chr.

Schenkung und Politik: Cella St. Dionys

In der Politik gibt es selten etwas umsonst. Wer jemandem ein Geschenk macht, erhofft sich nicht selten etwas davon – und seien es nur gute Beziehungen.

Ein solches Geschenk steht auch am Anfang der Geschichte Esslingens. Ein uns sonst nicht näher bekannter Adliger namens Hatti vermachte im 8. Jahrhundert nach Christus eine an der Stelle der heutigen Stadtkirche St. Dionys gelegene Mönchszelle dem Kloster St. Denis bei Paris, wo sie 777 in einem Testament des Abtes Fulrad erwähnt wird. Wie kommt eine kleine Mönchszelle im Neckartal in so weit entfernte Hände? Der Hintergrund sind veränderte Machtverhältnisse im schwäbisch-alamannischen Raum. Bis zur Mitte des 8. Jahrhunderts unterwarfen sich die Franken das Herzogtum Alamannien; beim legendären »Blutgericht von Cannstatt« im Jahr 746 sollen sie die dort versammelten alamannischen Großen beseitigt haben. Vor diesem Hintergrund schien es für alamannische Adelige wie Hatti opportun, sich mit den neuen Machthabern gut zu stellen. Was wäre da besser als eine Schenkung an das fränkische Hauskloster St. Denis? Mit der Schenkung verbunden war ein ausdrückliches Bekenntnis zum katholischen Christentum, der Religion der Franken.

Auch wenn St. Denis im Laufe der Jahrhunderte aufgrund der großen Entfernung seinen Einfluss auf den Esslinger Besitz zunehmend verloren hat und ihn schließlich an das Bistum Speyer abgeben musste, ist doch der Name des fränkischen Klosters mit der Stadt verbunden geblieben. Die in späteren Jahren anstelle der Mönchszelle erbaute Esslinger Pfarrkirche zählte neben einem nicht näher bekannten heiligen Vitalis den Namenspatron von St. Denis, den heiligen Dionysius Areopagita, einen der bekanntesten Mystiker der christlichen Antike, den die Tradition mit dem Bischof von Athen vermischte, der Paulus hat predigen hören, zu ihren Schutzpatronen.

Unter der heutigen Pfarrkirche, die über eine schöne Innenausstattung verfügt, lässt sich ein spektakulärer Gang in die älteste Vergangenheit Esslingens bis ins 8. Jahrhundert und darüber hinaus unternehmen. Den Beschluss des Kirchengemeinderats in den 1960er Jahren, eine Fußbodenheizung einbauen zu lassen, nahmen die Archäologen zum Anlass, um das unter dem heutigen Kirchenfußboden liegende Gelände umfassend zu ergraben. Der jetzige Fußboden ist nichts anderes als eine Betondecke, unter der sich die freigelegten Grabungen verbergen, durch die man spazieren und die Anfänge Esslingens anhand von Mauerresten des einstigen Geschenks Hattis betrachten kann. www.esslingen-marketing.de

▲ Blick auf die Ausgrabungen in Esslingen, St. Dionys. ▼ »In Nomine D[omi]ni Nordman«: Diese Inschrift aus dem 8. Jahrhundert belegt den christlichen Glauben des Verstorbenen.

1090

Reinheit des Glaubens: Martinskirche Neckartailfingen

»Eher geht ein Kamel durch ein Nadelöhr, als dass ein Reicher in das Reich Gottes gelangt« (Markus 10,25). Dieser Satz, den der mittellose Wanderprediger Jesus gesagt haben soll, hat der Nachwelt große Probleme bereitet. Welche Bedeutung sollen irdische Dinge für uns haben? Die Antwort des christlichen Mönchtums lautet: Abkehr von der Welt.

Allerdings kannte das benediktinische Mönchtum auch den Widerspruch zwischen Theorie und Praxis. Selbst wenn der einzelne Mönch Armut geloben musste, häuften doch Klöster im Laufe der Zeit oft gigantische Vermögenswerte an. Enge Kontakte zu adeligen Herren, die sie mit Schenkungen ausstatteten, aber auch ein ausgeprägtes Selbstbewusstsein der Ordensleute als geistliche Elite führten dazu, dass vom Ideal apostolischer Demut mitunter nur wenig zu spüren war.

Deshalb bildeten sich immer wieder monastische Reformbewegungen, die sich am »urchristlichen« Ideal orientierten. Eine von vielen ist die um 1070 entstandene Bewegung der »Hirsauer«, benannt nach dem Kloster Hirsau bei Calw. Dessen Abt Wilhelm sah ein für den Verfall des Klosterlebens entscheidendes Übel in der Verquickung von Religion und Politik, weshalb er auf die Unabhängigkeit der Klöster von ihren weltlichen Stiftern drängte. Außerdem sollte die Benediktsregel nicht nur dem Buchstaben, sondern auch dem Geist nach befolgt werden. Abkehr von der Welt war demnach nicht als bedauerlicher Verzicht, sondern als frei machende, bewusste Reduzierung auf Wesentliches zu verstehen. Und dazu sollte sich ein Kloster demonstrativ bekennen.

Hierbei spielt die Architektur als sichtbarer Ausdruck religiöser Vorstellungen eine wichtige Rolle. Klarheit und Schlichtheit der Form waren zentrale Grundsätze der Hirsauer Bauschule, wovon sich auch der Neckartailfinger Kirchenbau inspiriert zeigt. Die Hälfte des Kirchleins war 1090 dem Kloster von den Grafen von Achalm übereignet worden. Kurz darauf ließ Abt Bruno die Kirche als dreischiffige romanische Säulenbasilika neu errichten.

Den Besucher erwartet ein beeindruckender Kirchenraum. Das Zentrum bildet ein sehr hohes, schmales Mittelschiff mit vier Langhausjochen aus schlichten massiven Säulen, die Würfelkapitelle tragen. Im Osten schließen sich drei an Kirchen der burgundisch-westfranzösischen Region erinnernde, innen halbrunde Apsiden an, in deren mittlerer hoch oben in einer später hinzugefügten Freskomalerei Christus als Weltenherrscher thront, um den Gläubigen an die Vorbereitung auf seine Wiederkunft zu erinnern. Die Martinskirche ist ein ästhetisches Erlebnis und ein wunderbarer Ort der Besinnung. www.ev-kirche-neckartailfingen.de

Erhaben: das Innere der Martinskirche Neckartailfingen.

1128

Sehnsucht nach Jerusalem: Kloster Denkendorf

Seit Hape Kerkelings Bestseller »Ich bin dann mal weg« erlebt Pilgern eine neue Konjunktur. Gestresste Zeitgenossen machen sich auf den Jakobsweg, um zu sich selbst zu finden. Ein wichtiger Teil … Aber nicht der einzige.

Zugrunde liegt dem mittelalterlichen Pilgern ein vom heutigen fundamental verschiedenes Verständnis von Frömmigkeit. Hier ging es nicht nur um Selbsterfahrung, sondern auch um den Vollzug eines Rituals, von dem man sich konkrete Wirkung erhoffte, sei es als Hilfe in einer kritischen Lebenssituation, sei es als Erwerb symbolischen Kapitals, von dem man im Jenseits, mitunter auch schon im Diesseits zehren konnte. Denn Wallfahrer, vor allem diejenigen, die bis ins Heilige Land zogen, waren oft hoch angesehen. Ein solcher war der Adelige Berthold, der Güter bei Denkendorf besaß. 1128 stiftete er den Chorherren vom Heiligen Grab, einer während der Kreuzzüge gegründeten ritterlichen Ordensgemeinschaft, eine Eigenkirche. Wie der Name sagt, kümmerte sich der Orden neben Krankenpflege vor allem um die Verwaltung und Verehrung des Grabes Christi als heiliger Ort. Zu diesem Zweck wurde unter der um 1200 erbauten, romanischen Denkendorfer Klosterkirche eine Krypta mit einem dem Jerusalemer Vorbild nachempfundenen Kenotaph errichtet.

Seit fast 500 Jahren gibt es im Kloster keine Chorherren mehr; 1534 wurde die Reformation im Herzogtum Württemberg, zu dem Denkendorf seit 1424 gehörte, eingeführt. Aus der Klosteranlage wurde eine evangelische Internatsschule, die begabte Stipendiaten auf das Studium in Tübingen vorbereitete. Einer dieser Schüler war Friedrich Hölderlin. Mit Johann Albrecht Bengel wirkte im 18. Jahrhundert ein angesehener pietistischer Bibelwissenschaftler in Denkendorf. Nachdem die Schule 1810 geschlossen worden war, fand im Kloster unter anderem eine Senfmanufaktur Platz. Diesen Zustand hat der Schriftsteller Fritz Alexander Kauffmann in seinem Roman *Leonhard. Chronik einer Kindheit* festgehalten. 1950 wurde das Kloster evangelisches Diakonieseminar, 1972 eine Fortbildungsstätte der Landeskirche, die aber inzwischen den Standort Denkendorf aufgegeben hat. Seitdem harrt das Kloster einer neuen Bestimmung. Die Klosterkirche ist Pfarrkirche der evangelischen Gemeinde.

Das leere Christusgrab in der Krypta ist allerdings schon seit vielen Jahrhunderten kein Pilgerziel mehr – weil unsere Frömmigkeitsformen sich inzwischen stark verändert haben. Trotzdem kann die Denkendorfer Klosterkirche auch heute noch ein besonderer Ort der Besinnung und des Staunens über die Wirkmächtigkeit religiöser Vorstellungen sein, den man unbedingt auf sich wirken lassen sollte. www.ev-kirche-denkendorf.de

Christus ist auferstanden: das Heilige Grab in der Krypta des Klosters Denkendorf.

Vestung Neüffen

1235

Aufstieg und Fall einer Adelsfamilie: die Herren von Neuffen

Wer in der Nähe der Macht lebt, kann sich schnell die Finger verbrennen, vor allem, wenn er aufs falsche Pferd gesetzt hat. Ein prominentes Beispiel ist die Familiengeschichte der Herren von Neuffen.

Die Herren von Neuffen waren im Mittelalter eines der wichtigsten Adelsgeschlechter im deutschen Südwesten. Zurückverfolgen lässt sich die Familiengeschichte bis in den Anfang des 12. Jahrhunderts zu einem Manegold von Sulmetingen, dessen Nachfahren sich nach der von ihm errichteten Burg »von Neuffen« nannten. Der Aufstieg der Familie gelang unter anderem durch geschickte Heiraten, über die man sich mit dem mächtigen Geschlecht der Grafen von Urach verband und das Erbe der Grafen von Achalm samt Grafentitel antreten konnte. Im spannungsvollen Kräftefeld der miteinander rivalisierenden südwestdeutschen Adelsfamilien der Welfen, Zähringer und Staufer positionierten sich die von Neuffen zunächst bei den Ersteren, um dann Ende des 12. Jahrhunderts ins Lager der Staufer zu wechseln. Fortan finden sich Mitglieder derer von Neuffen in herausragenden Ämtern: Ein Sohn Bertholds I. von Neuffen war Protonotar Kaiser Friedrichs II. und Bischof von Brixen. Als aber zwischen Friedrich II. und seinem Sohn Heinrich VII. ein Machtkampf ausbrach, machten die Herren von Neuffen den Fehler, auf den aufständischen Sohn zu setzen, was nach dessen Niederlage 1235 zum Verlust ihrer privilegierten Stellung führte. Die Burg Achalm wurde jetzt kaiserlicher Besitz, während der Hohenneuffen in Familieneigentum blieb.

1290 ging die Burg Neuffen durch Heirat an die Herren von Weinsberg, die sie 1301 an die württembergischen Grafen verkauften. Von nun an war der Hohenneuffen württembergisch. Ab dem 15. Jahrhundert zur Landesfestung ausgebaut, wurde die Burg im Dreißigjährigen Krieg von kaiserlichen Truppen belagert, denen sie sich nach 15-monatiger Belagerung 1635 ergeben musste. Der größte Teil der heutigen Burganlage geht auf Fortifikationen zurück, die der württembergische Herzog Karl Alexander im 18. Jahrhundert errichten ließ. Heute gehört die Burg dem Land Baden-Württemberg. 1948 fand auf der Burg eine Konferenz statt, die die Gründung dieses Bindestrich-Bundeslands zum Ziel hatte.

Und die Herren von Neuffen? Auch wenn sie die Burg und das Land längst verloren haben, sind sie doch in gewisser Weise unsterblich geworden durch den Minnedichter Gottfried von Neuffen. Manchmal ist die Wirkung von Worten eben dauerhafter als diejenige von Macht. www.festungsruine-hohenneuffen.de

▲ Monumental: der Hohenneuffen aus der Luft. ▼ Die Burg auf der Forstkarte von Andreas Kieser, 1683.

1314

Ungeliebte Nachbarn: Esslingen und Württemberg

Was sich heute als einheitliches Gebiet auf der Landkarte zeigt, war früher ein territorialer Flickenteppich. Wer um 1750 von Nürtingen aus den Neckar flussabwärts zog, musste mehrere Grenzen überqueren.

Neben einigen kleineren Ritterherrschaften bildete vor allem die Reichsstadt Esslingen eine Enklave im altwürttembergischen Territorium. Ortsnamen wie »Zollberg« weisen auf das ehemalige Vorhandensein einer Grenze hin. Dabei waren die nachbarschaftlichen Beziehungen immer wieder von Spannungen und Konflikten geprägt. Während die Esslinger Reichsstädter sich vor allem am Kaiser als Schutzherrn ihrer Freiheiten orientierten, musste es das Ziel der württembergischen Grafen und Herzöge sein, den Einfluss der Stadtrepublik möglichst zu beschneiden, so dass ihnen von dort keine Gefahr drohte. Um die eigene Position zu stärken, trat Esslingen 1377 dem Schwäbischen Städtebund bei, der aber bereits 1388 bei Döffingen eine schwere Niederlage gegen die Territorialfürsten erlitt. Auch der Große Städtekrieg von 1448, der sich an einer Erhöhung des Esslinger Zolls entzündete, endete mit einem Sieg der Württemberger. 1473 schlossen die Esslinger mit dem ungeliebten Nachbarn einen Schirmvertrag, waren aber auch weiterhin ängstlich auf die Wahrung ihrer reichsstädtischen Autonomie bedacht. Dies erklärt, warum die Stadtbefestigung von den Esslinger Bürgern intensiv gepflegt und immer wieder ausgebaut wurde. Was sich heute als »Burg« auf dem Schönenberg dem Besucher präsentiert, war keine Adelsresidenz, sondern der 1314 erstmals bezeugte Teil eines riesigen, um den größten Teil der Stadt gezogenen Befestigungsrings, der das militärisch ungünstig im Tal gelegene Esslingen vor einem Überfall des württembergischen Nachbarn schützen sollte. 1380 erstmals erwähnt ist die Hochwacht, von der aus ein Wächter Stadt und Umland kontrollierte. Tatsächlich belagerte Herzog Ulrich 1519 vergeblich Esslingen und ließ von den östlichen Höhen aus die Stadt durch Kanonen mit Brandsätzen beschießen. Bald nach Ulrichs Vertreibung ließ die Stadt ab 1527 den Dicken Turm mit einer Mauerstärke von über fünf Metern errichten, um Artilleriebeschuss standzuhalten.

Dass es heute keine Grenze zwischen Esslingen und Württemberg mehr gibt, verdanken wir Napoleon. Seit 1802 ist Esslingen württembergisch und die »Burg« reines Touristenziel. Der 1887 ergänzte Helm des Dicken Turms dient nur dekorativen Zwecken; Kriege werden hier keine mehr ausgetragen. Wie schön! www.esslingen-marketing.de

Symbol reichsstädtischen Selbstbewusstseins: Giebel des Alten Rathauses in Esslingen.

1321

Bürgerstolz und Frömmigkeit: Esslinger Frauenkirche

Wer denkt, dass Glauben reine Privatsache ist, täuscht sich. Oft ist er auch verbindendes Element einer Gemeinschaft, in dem sich gemeinsame Werte, Überzeugungen und Interessen ausdrücken.

Eine solche Gemeinschaft war in Mittelalter und Früher Neuzeit die Stadt, vor allem wenn sie als sogenannte »Reichsstadt« einen eigenen Stadtstaat innerhalb des *Heiligen Römischen Reichs Deutscher Nation* bildete. Dann galt es, vor allem gegenüber den umliegenden adeligen und kirchlichen Landesherrschaften, bürgerliches Selbstbewusstsein zu demonstrieren. Und dabei spielte auch die Religion eine wichtige Rolle.

Ein schönes Beispiel für solch ein steingewordenes bürgerliches Selbstbewusstsein ist die Esslinger Frauenkirche. Streng genommen hätte es eines solchen Kirchbaus gar nicht bedurft, denn mit St. Vitalis verfügte Esslingen ja bereits über eine geräumige Stadtpfarrkirche; außerdem hatten mehrere Orden Niederlassungen in der Stadt mit eigenen Klosterkirchen. Es wurmte aber die Bürger, dass die Pfarrrechte an St. Vitalis 1213 vom Kaiser dem Bistum Speyer übertragen worden waren; und auch die Bettelordenskirchen in der Stadt unterstanden ja zuallererst den Klöstern. Es entsprach einem allgemeinen Trend der Zeit, dass sich Esslingen, ebenso wie Ulm, Reutlingen oder Gmünd, nunmehr im Bau einer »Bürgerkirche« einen eigenen Kirchenbau schuf.

Mit dem Bau der Esslinger »Bürgerkirche« wurde im Jahr 1321 begonnen. Es sollte eine Frauenkirche werden – auch das ganz im Frömmigkeitstrend der Zeit, für die der Marienkult eine große Rolle spielte. Für den repräsentativen Kirchenbau wurden die Besten der Besten engagiert: 1395 holte man Ulrich von Ensingen als Baumeister, der als Turmbauspezialist einen hervorragenden Ruf genoss. Auch die als Meister der Spätgotik bekannte Familie der Böblinger leitete zeitweise den 1507/08 beendeten Bau.

Den Besucher erwartet eine in ihrer Gestaltung sehr einheitlich wirkende Hallenkirche mit einer filigranen figürlichen Ausstattung und schönen Glasmalereien im Chor. Der an der Spitze von feinem Maßwerk durchbrochene Turm imponiert durch seine Eleganz. Am Weltgerichtsportal an der Südwestseite ziehen Könige und Ritter, Päpste, Bischöfe und Ordensleute jammervoll in die Hölle ein – ein drastisches Beispiel von Herrscher- und Kirchenkritik selbstbewusster Esslinger Bürger, denen die traditionelle Hierarchie der Dreiständeordnung nicht mehr allzu viel galt. Von dort bis zur Reformation, die der Esslinger Rat 1535 durch Ambrosius Blarer einführen ließ, würde es nur noch ein kleiner Schritt sein. www.esslingen-marketing.de

Zierlich: die Frauenkirche auf einem Gemälde des 19. Jahrhunderts.

1386

Dorfkultur im Spätmittelalter: Beuren

Mittelalterliche Fachwerkensembles sind angesichts von Bränden, Abrisswut und zahlreichen Kriegen in Deutschland eine Seltenheit. Umso höher muss man Dörfer wie Beuren schätzen, dessen ältestes Fachwerkhaus auf das Jahr 1386 datiert.

Wie andernorts auch ist das hohe Alter der Bausubstanz zum Teil dem Umstand geschuldet, dass Beuren lange Zeit zu den ärmeren Gemeinden des Kreises zählte, denen in abrissfreudigen Zeiten schlicht das Geld zur Modernisierung fehlte.

Das 1304 erstmals urkundlich erwähnte Dorf weist zahlreiche Bauern- und Weingärtnerhäuser auf, die bis ins 14. Jahrhundert zurückreichen. So wurde das älteste Fachwerkhaus in der Linsenhofer Straße 20/22 auf das Jahr 1386 datiert. Es ist somit das älteste erhaltene Fachwerkgebäude aller baden-württembergischen Dörfer.

Auch das älteste existierende Firstständerhaus des ländlichen Raums steht in Beuren, in der Hauptstraße 10/12. Es wurde 1411/12 erbaut. Insgesamt elf Wohnhäuser und Scheuern in Firstständerbauweise gibt es im Ort. Auch das ist ein Superlativ: Es handelt sich um den größten Bestand an Firstständerbauten im Ländle.

Zahlreiche weitere Fachwerkhäuser aus dem 15. bis 18. Jahrhundert säumen heute noch die Straßen Beurens, dessen Ortsbild einen Spaziergang lohnt. Ein schöner Blickfang ist das Haus »Storchennest« in der Hauptstraße, das beinahe in den 1970er Jahren dem Verkehr geopfert worden wäre und seine Erhaltung privater Initiative verdankt. Heute ist das Haus, das ein Restaurant beherbergt, eine besondere Attraktion.

Wie an anderen Orten der Region ist die ehemalige Kelter zu einem Dorfgemeinschaftshaus umgebaut worden. Eine sehr sinnvolle Nutzung, die zugleich den Bestand dieses ortsbildprägenden Gebäudes garantiert.

Nach Jahrzehnten des Verfalls bemüht sich die Kommune inzwischen schon seit Längerem aktiv um die Pflege des Ortsbilds, darin unterstützt vom Denkmalschutz, von Bauhistorikern, professionellen Sanierungsspezialisten und dem 2004 aus bürgerschaftlichem Engagement heraus gegründeten *Verein Historisches Beuren*. Wer heute in den Straßen von Beuren spazieren geht, sieht kein Dorf wie jedes andere, sondern eine absolute Perle, die uns vor Augen führt, was ein sensibler Umgang mit historischer Bausubstanz aus unseren oft so lieblos gestalteten Ortszentren zu machen in der Lage ist. www.verein-historisches-beuren.de

Wäre beinahe abgerissen worden: das Beurener »Storchennest«, um 1420 erbaut.

Restaurant-Café im
Storchennest

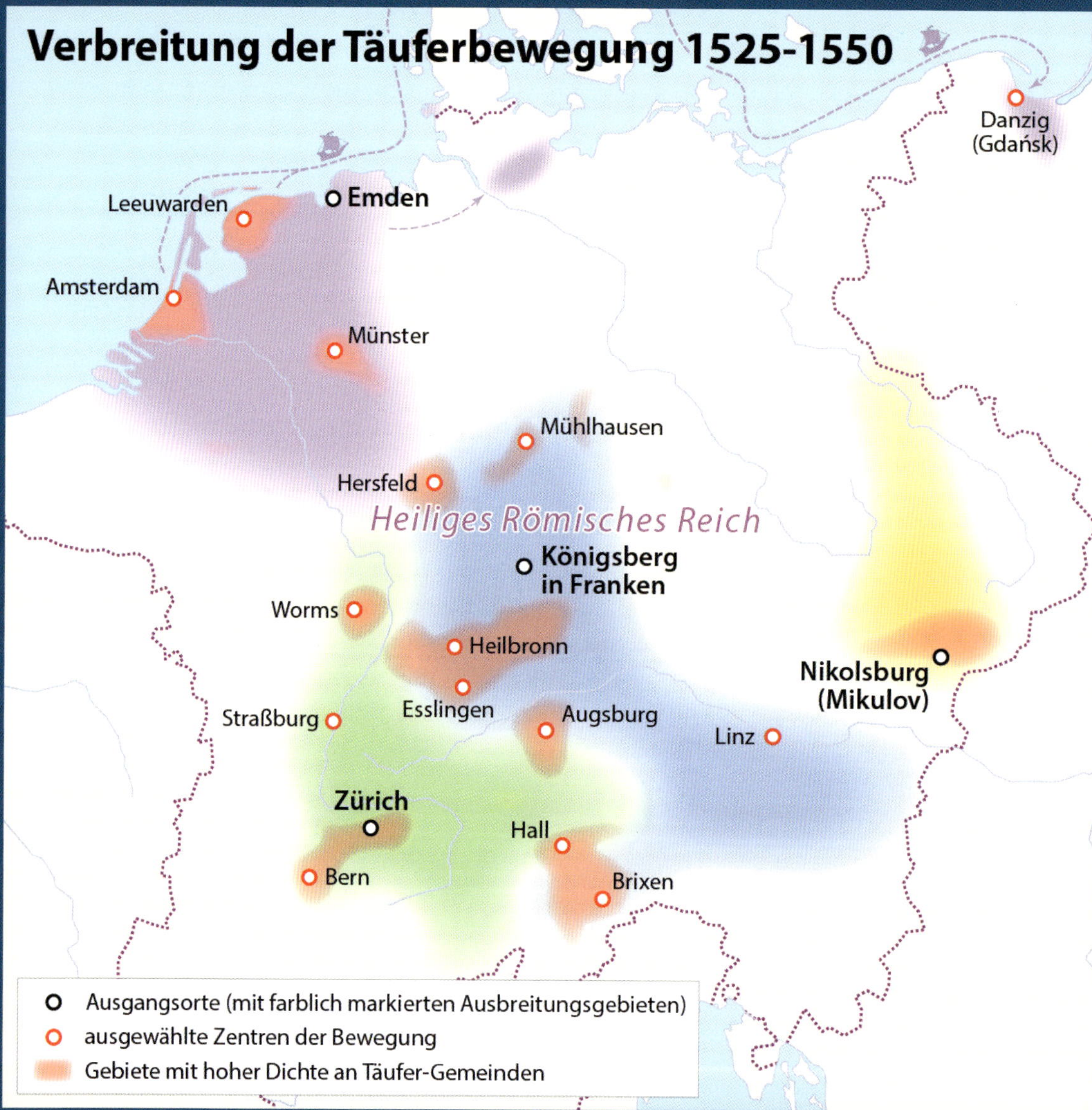
Verbreitung der Täuferbewegung 1525-1550
Danzig (Gdańsk)
Leeuwarden
Emden
Amsterdam
Münster
Mühlhausen
Hersfeld
Heiliges Römisches Reich
Königsberg in Franken
Worms
Heilbronn
Esslingen
Straßburg
Augsburg
Linz
Nikolsburg (Mikulov)
Zürich
Hall
Bern
Brixen
Ausgangsorte (mit farblich markierten Ausbreitungsgebieten)
ausgewählte Zentren der Bewegung
Gebiete mit hoher Dichte an Täufer-Gemeinden

1530

Reformation von unten? Augustin Bader

Wie soll man mit Sekten umgehen? Sie gehören zur religiösen Landschaft, werden aber oft misstrauisch als Sammelbecken von Fanatikern beäugt. Vor allem die großen christlichen Kirchen stehen in einem kritischen Verhältnis zu ihnen, weil beide beanspruchen, die wahren Erben Christi zu sein.

Ein typisches Beispiel ist die endzeitliche Sekte der Wiedertäufer, die im 16. Jahrhundert im Zuge der Reformation entstand. Ausgehend von der Überzeugung, dass der wahre Glaube die bedingungslose Hingabe der ganzen Person erfordere, lehnten sie die Kindertaufe ab und verlangten eine zweite des mündigen Erwachsenen, die dann aber einen radikalen Bruch mit allem Irdischen und eine völlige Unterwerfung unter den Willen Gottes zur Folge haben sollte.

In diesem Zusammenhang kam Propheten als Kündern des göttlichen Geistes eine besondere Bedeutung zu. Als einen solchen sah sich der Augsburger Weber und Kürschner Augustin Bader. Bader, ein einfacher Mann, hatte früh Anschluss zur Wiedertäuferbewegung um Hans Hut gefunden, sich aber bald von ihr verselbstständigt und eine eigene Sekte mit ihm im Mittelpunkt als von Gott gesandtem Propheten gegründet. Seinen eigenen Sohn, ein kleines Kind, stilisierte er zum künftigen Messias und versammelte um sich herum eine kleine Gruppe von Anhängern, die sich im Winter 1529/30 auf ein Gelände im Lautertal bei Blaubeuren zurückzog, um dort zu Ostern 1530 das Ende der Welt und den Beginn des Tausendjährigen Reichs zu erwarten.

Stattdessen wurde die Gruppe aber auf die Anzeige des Grundeigentümers, eines Müllers, hin verhaftet, und ihren Mitgliedern wurde der Prozess gemacht, wobei ihnen unrichtigerweise vorgeworfen wurde, sie hätten Widerstandsaktionen gegen die habsburgische Regierung geplant, die seit der Vertreibung Herzog Ulrichs 1519 das Land verwaltete.

Am 30. März 1530 wurde der Sektenführer Bader in Stuttgart in aller Öffentlichkeit grausam gefoltert und hingerichtet, seine Leiche verbrannt und die Asche verstreut. Zwei seiner Anhänger wurden nach Nürtingen gebracht und dort verhört. Einem gelang die Flucht aus dem Grötzinger Gefängnisturm, wo er einsaß, er wurde aber bald aufgegriffen, und beide wurden in Nürtingen hingerichtet.

Man mag zu Augustin Baders Religiosität stehen, wie man will, sie auch für bedenklich halten: Die brutale Auslöschung seiner Glaubensgemeinschaft zeigt die Unfähigkeit der damals Regierenden, mit Andersgläubigen sinnvoll umzugehen. Dass es klüger sein kann, Toleranz zu üben, anstatt rücksichtslos auf dem absoluten Wahrheitsanspruch der eigenen Konfession zu beharren, bedurfte erst eines harten Lernprozesses nach vielen blutigen Religionskonflikten.

Weit verbreitet: die Täuferbewegung im Heiligen Römischen Reich.

1538

Hie gut Wirtemberg allewege: Schloss Kirchheim

Denselben Fehler sollte man nicht zweimal machen. Nachdem der württembergische Herzog Ulrich 1519 vom Schwäbischen Bund vertrieben worden war, machte er sich nach der Rückkehr aus dem Exil 1534 unverzüglich daran, sein Herzogtum mit mehreren Landesfestungen verteidigungsbereit zu machen.

Eine dieser Festungsanlagen war die Stadt Kirchheim unter Teck. Noch heute kann man einen Teil der später noch ausgebauten Fortifikationen am Rand der Innenstadt sehen, darunter die Bastion im Nordosten und das auf einer Eckbastion im Südwesten der Stadt thronende Schloss, das 1538 unter Ulrichs Sohn und Nachfolger Herzog Christoph zuerst als reiner Zweckbau errichtet wurde. Zum Schloss wuchs der Gebäudekomplex erst später heran. Zunächst nur vorübergehend, als 1594 in Stuttgart die Pest wütete und der württembergische Hof sich auf der Suche nach einem Ausweichquartier kurzzeitig in Kirchheim niederließ. Nun wurde die Anlage auch zu einem Wohnschloss umgebaut. Ab 1628 zogen im Kirchheimer Schloss die herzoglichen Witwen ein. Eine haben die Kirchheimer besonders in ihr Herz geschlossen: Herzogin Henriette, die Ehefrau von Herzog Ludwig (1756–1817), den sie um vierzig Jahre überlebte. Henriette ist vor allem durch ihre zahlreichen wohltätigen Stiftungen, die sie der Stadt hinterließ, im Gedächtnis geblieben: ein Krankenhaus, ein Kinderheim, eine »Kleinkinderschule« und vieles mehr. Dazu fühlte sich diese sehr religiöse Frau aus einem tief empfundenen Geist christlicher Nächstenliebe heraus verpflichtet. Die Kirchheimer dankten es ihr mit einer engen Anhänglichkeit an ihre Landesherrschaft: *Hie gut Wirtemberg allewege* hieß die Parole, bis der letzte württembergische König Wilhelm II. nach dem verlorenen Krieg im November 1918 zurücktreten musste.

Bereits vorher wohnten im Kirchheimer Schloss seit Henriettes Tod 1857 keine Witwen mehr. Passend zu ihrem karitativen Wesen waren 1911 bis 1948 eine Frauenarbeitsschule und ein Kindergarten sowie Wohnungen dort untergebracht. Danach zog ein Seminar für Hauswirtschaftslehrerinnen ein, aus dem sich das heute dort residierende pädagogische Institut entwickelt hat.

So wurde aus einer ursprünglichen Verteidigungsanlage eine pädagogische Einrichtung. Die Bastion am anderen Ende der Stadt ist zu einem beliebten Kulturzentrum geworden. Zwei schöne Varianten des Mottos »Schwerter zu Pflugscharen«. Und der Welt Henriettes sowie der ebenfalls in Kirchheim wohnhaften Franziska von Hohenheim kann man bei einer Führung im Museumsteil des Schlosses nachspüren. www.schloss-kirchheim.de

▲ Sommersalon der Herzogin Henriette von Württemberg. Aquarell, 1857.
▼ Schloss Kirchheim von außen.

P. F. Peters.
Salon d'été de La Duchesse Henriette
de Württemberg à Kirchheim u/T. 1857.

6
Herzog Ulrich von Würtemberg
der Verbannte.

1600 bis 1602

Ingenieurleistung der Renaissance: die Brücke zu Köngen

Nicht jeder Brücke wird die Ehre zuteil, als Romankulisse zu dienen. Kurios wird es allerdings, wenn der Roman sie in eine Zeit verpflanzt, in der es sie noch gar nicht gegeben hat.

»Mit einem majestätischen Sprung setzte das Pferd über die Brüstung der Brücke und trug seinen fürstlichen Reiter hinab in die Wogen des Neckars.« So beschreibt Wilhelm Hauff 1826 in seinem historischen Roman *Lichtenstein*, einem Bestseller, die Flucht des württembergischen Herzogs Ulrich aus seinem Land nach einer verlorenen Schlacht gegen den *Schwäbischen Bund* 1519. Um historische Genauigkeit war Hauff hier aber nicht sonderlich bemüht. Die Brücke über den Neckar bei Köngen wurde erst 1600/02, also rund 80 Jahre nach Ulrichs Flucht, gebaut, und zwar nach den Plänen und unter Anleitung von Heinrich Schickhardt, einem auch in Ingenieurkunst und Architektur beschlagenen *uomo universale* am Hof Herzog Friedrichs I., der mit allerhöchster Förderung an allerlei Projekten wie der Gründung der Planstadt Freudenstadt beteiligt war. Bevor er die Brücke errichten ließ, soll der Fluss an dieser Stelle durch eine Furt oder mit einer Fähre gequert worden sein.

Trotz Hauffs fehlerhafter Darstellung erhielt das Bauwerk, das in der Mitte der Balustrade von einem Obelisk geziert wird, 1826 den Namen *Ulrichsbrücke* – ein Zeichen für die Wirkmächtigkeit literarischer Fiktion. Der heutige Brückenbau ist übrigens in Teilen eine Rekonstruktion, weil die Wehrmacht auf ihrem Rückzug im Frühjahr 1945 nahezu sämtliche Neckarbrücken in die Luft sprengte. Heute führt die Brücke, über die bis 1975 noch der gesamte Autoverkehr rollte, eher ein ruhiges Dasein im Schatten des heutigen Betonbauwerks: Nur noch einige Fußgänger und Radfahrer überqueren sie.

Darüber hinaus wirkte die Brücke aber auch selbst inspirierend: Auf sie berief sich der *Bund der Köngener*, eine 1919 gegründete christlich-evangelische Jugendbewegung, die im Nationalsozialismus zu einem Hort des Widerstands gegen das Regime wurde. Wie seinerzeit Herzog Ulrich, so die Parallele zum angeblichen Geschehen auf der Brücke, wagten die nach ihrem ersten Treffpunkt so genannten »Köngener« mit der Gründung ihrer Gemeinschaft in schwieriger Zeit, den Wirren der ersten Nachkriegsjahre, einen »Sprung ins Ungewisse«, und wie er mussten sie Kampfgeist und Ausdauer beweisen, bis Bedrängnis und Verfolgung durch die NS-Diktatur ein Ende hatten. Die mehr als 400 Jahre alte *Ulrichsbrücke* als Symbol für Mut und Standhaftigkeit – was für eine schöne Botschaft eines Bauwerks. www.koengen.de/freizeit-kultur/sehenswuerdigkeiten/ulrichsbruecke

Die Köngener Ulrichsbrücke und ihre Legende.

1634

Ein Blutzeuge im Dreißigjährigen Krieg: die »Blutbibel«

Christliche Märtyrer verbindet man gemeinhin mit der Frühzeit des Christentums im Römischen Reich. Ein Irrtum, wie das folgende Beispiel zeigt. Auch im Mittelalter und in der Frühen Neuzeit konnte man in Württemberg seines Glaubens wegen sterben.

Im Dreißigjährigen Krieg war auch das Gebiet des heutigen Landkreises zwischen Evangelischen und Katholischen heiß umkämpft, obwohl Württemberg zunächst versucht hatte, sich aus dem Konflikt herauszuhalten. Von Norden her kommende schwedische Truppen drangen ab 1630 bis tief in den Süden vor, wurden aber am 6. September 1634 in der Schlacht von Nördlingen von den Kaiserlichen vernichtend geschlagen.

Danach ergoss sich eine Flut kaiserlicher Soldaten in das Herzogtum Württemberg, und es kam vielfach zu grausamen Gewaltexzessen durch die Besatzer. In Nürtingen besonders in Erinnerung geblieben ist der sogenannte »Kroatensturm« unmittelbar nach der Schlacht von Nördlingen. Nach dem Bericht eines Pfarrers sind bei der Plünderung der Stadt durch die Kaiserlichen 115 Menschen ums Leben gekommen, 180 wurden verwundet. Die im Nürtinger Schloss wohnende Herzoginwitwe Ursula soll »an den Haaren über die Leichen Ermordeter gezogen« worden sein.

Ein besonders eindrückliches Relikt aus dieser brutalen Zeit ist die Nürtinger »Blutbibel«. Sie gehörte dem evangelischen Pfarrer Georg Wölfflin aus Owen, der mit ihr vor dem Ansturm der Kaiserlichen nach Nürtingen geflohen war in der Annahme, dort sicherer zu sein. Ein Trugschluss, wie sich herausstellen sollte. Auch in die Schlosskapelle, in der er sich nach dem Kroateneinfall in die Stadt zurückgezogen hatte, drangen Soldaten ein. Dort wurde er auf der Empore durch zwei Stiche und einen Schuss getötet.

Im Sterben legte er seinen Finger auf die folgende aufgeschlagene Stelle der Bibel: »Ich habe einen guten Kampf gekämpft, ich habe den Lauf vollendet, ich habe Glauben gehalten. Hinfort ist mir beigelegt die Krone der Gerechtigkeit« (2. Timotheusbrief 4,7). Noch heute zeugen Blutspuren sowie Einstiche an dieser Stelle der Nürtinger »Blutbibel« von der grausamen Tat. Das Buch wird von der *Württembergischen Landesbibliothek* aufbewahrt.

Seit 1834 erinnert eine Gedenktafel an der Südwand der Nürtinger Kreuzkirche an die Grausamkeiten des Dreißigjährigen Krieges. Ihre Inschrift lautet: »Der im September 1634 durch den Krieg dahingerafften Bürger gedachten die Nachkommen im September 1834 und setzten die Tafel, damit das Gedächtnis der Verstorbenen geehrt würde von denen, die noch sterben werden.« www.stadtmuseum-nuertingen.de

Bei der Lektüre dieser Bibelseite wurde Pfarrer Georg Wölfflin 1634 erstochen.

kempffet / ich habe den lauff voll-
ndet / ich habe glauben gehalte. Hin- 8
ort ist mir beygelegt die kron der
erechtigkeit / welche mir der Herr
n jenem tage / der gerechte richter /
eben wird / nicht mir aber allein /
ondern auch allen / die seine erschei-
ung lieb haben. Fleissige dich / daß
u bald zu mir kommest. Denn De- 9
mas hat mich verlassen / vnd diese 10
elt lieb gewonnē / vnd ist gen Thes-
onich gezogen / Crescens in Gala-
n / Titus in Dalmatian. Lucas
allein bey mir. Marcum nim zu 11
/ vnd bringe jn mit dir / denn er
mir nützlich zum dienst. Tychi- 12
m habe ich gen Ephesum gesandt.
en mantel / den ich zu Troada ließ 13
Carpo / bringe mit / weñ du kom-
est / vnd die bücher / sonderlich aber
es pergamen. Alexander d' schmidt 14
at mir viel böses beweiset / der Herr
ezahle jhm nach seinen wercken / für 15
lchem hüte du dich auch / denn er
vnsern worten sehr widstanden.
n meiner ersten verantwortung 16
nd niemand bey mir / sondern sie
erliessen mich alle / Es sey jnē nicht
re t. Der Herr aber stund 17
ir bey / vñ d' stercket mich / daß
ch mich die predig bestetiget
urde / vnd alle heyden höretē / vnd
h bin erlöset von deß löwens rachē.
Der Herr aber wird mich erlösen von 18
lem vbel / vnd außhelffen zu seinem
mlischē reich / welchē sey ehre von
igkeit zu ewigkeit / Amen. Grüsset 19
Priscan vnd Aquilan / vnd dz hauß
nesiphori. E stus bleib Corin-
o. Trophimum aber ich zu 20
Mil anck. Thue fleiß vor 21
em w ter komest. Es grüsset dich
u lus / vnd Puden nd Linus
Claudia / vnd alle der. Der 22
r JEsus Christi sey mit
d nem g iste / die gna sey mit
e / Am .

G schr n von Rom / die ander
Epistel an imotheum / da Paulus
um a ernme für dem keyser
ro ward dargestellet.

Die Epis l S. Pauli
an m.

CAP. I. Fürbild eines rechten
Bischoffs. 1

Paulus ein knecht Gottes / aber
ein Apostel Jesu Christi / nach
dem glauben der außerwöhleten
Gottes / vnd der erkentniß der war-
heit zur gottseeligkeit / In der hoff- 2
nung deß ewigen lebens / welches ver-
heissen hat / der nit leugnet / Gott / vor
den zeiten der welt / hat aber offenba- 3
ret zu seiner zeit sein wort durch die
predigt / die mir vertrawet ist / nach
dem befehl Gottes vnsers heilandes.
Tito meinem rechtschaffenen sohn / 4
nach vnser beyder glauben. Gnade /
barmhertzigkeit / friede von Gott dē
vatter / vnd dē Herrn Jesu Christo /
vnserm heiland. Derhalben ließ ich 5
dich in Creta / dz du soltest vollend
anrichtē / da ichs gelassen habe / vnd
besetzen die stette hin vnd her mit elte-
stē / wie ich dir befohlen habe: Wo ei-
ner ist vntadelich / eines weib
der glaubige kinder habe
tiget / dz sie schwelger vn
sam sind ein lisch nen
tad rete
G
... un gor-
d e en /
recht / heilig usch / vn bē /
wort / dz gewiß ist / vnd lehre ne-
dz er mechtig sey zu ermahnē durch
die heilsame lehre / vnd zu straffen die
widersprecher. Denn es sind viel fre- 1
chē vñ vnnütze schwetzer vñ verführer /
sonderlich die auß d' beschneidung /
welchen man muß dz maul stopffē / 1
die da gantze heuser verkehrē / vñ leh-
rē dz nicht taug / vm schendliches ge- 1
wins willē. Es hat einer auß
gesagt / jrer eigē prophet : die C
sind jmmer Lügner / böse thier / vn
faule beuche. Diß zeugniß ist war.
Vm̄ d' sache willē straffe sie scharff /
auff daß sie gesund seyn im glau-
ben / vnnd nicht achten auff jü- 1
dischen fabeln vnd menschē
welche sich von der warheit wē-
den. Den reinen ists alles rein
vnreinen aber vnd den vngl
ist nichts rein / sondern vnre
beyde jhr sinn vnd gewissen. S

The World We Have Lost: ländliche Kultur im Freilichtmuseum

Menschliche Kultur ist auch eine Kultur des Abreißens dessen, was die Vorgänger hinterlassen haben. Zahllose in ihrem Baubestand völlig disparate, aus unterschiedlichsten Epochen und Stilen zusammengestückelte Ortsbilder geben ein beredtes Zeugnis davon.

Je umfangreicher unsere Bautätigkeit geworden ist, umso mehr wird abgerissen. Der Verlust dessen, was früher vielfach als »alter Kruscht« galt, wird aber, seit der Fortschrittsoptimismus der Moderne etwas erlahmt ist, umso stärker empfunden. Mit *The World We Have Lost* betitelte der britische Historiker Peter Laslett 1965 sein Buch über das vorindustrielle England. Auch wenn wir wissen, dass die Zeit vor 1800 alles andere als ein Paradies gewesen ist, gibt es doch das Bedürfnis, die Vergangenheit zu bewahren. Diesem Gedanken verdankt das 1995 eröffnete *Freilichtmuseum Beuren* des Landkreises Esslingen seine Entstehung. Auf dem Gelände des Museums stehen Gebäude unterschiedlichster Herkunft, die auf diese Weise vor dem Abriss gerettet wurden. Eindrücklich demonstrieren sie vormoderne Lebensbedingungen, wie das Tagelöhnerhaus aus Weidenstetten aus dem Jahr 1734 mit einer Wohnfläche von nur 37 Quadratmetern, davon nur 20 Quadratmeter beheizt. Im Halbkeller des winzigen Häuschens hielt man Kleinvieh zur Selbstversorgung, im Keller wurden Feld- und Gartenfrüchte gelagert. Anschaulich ist auch das sogenannte Weberhaus aus Laichingen; ein umgebautes Bauernhaus, in dessen Keller Ende des 18. Jahrhunderts zwei Webräume eingebaut wurden, weil am Ort zu diesem Zeitpunkt das Weben lukrativer als die Landwirtschaft war. Die ländliche Heimweberei war übrigens eine der Quellen der Textilindustrie. Weben war allerdings ein sehr mühseliges Geschäft, zumal in einem feuchten Keller. Aber auch sehr wohlhabende Familien gab es in der ländlichen Gesellschaft, wie ein stattliches Doppelwohnhaus aus Öschelbronn aus dem Jahr 1799 mit vielen schönen Schmuckelementen zeigt. Der Besitzer musste aber nach einer Missernte, und weil er sich verspekuliert hatte, sein Haus verkaufen.

Heute werden diese Gebäude nicht nur genutzt, um dem modernen Menschen damaliges Wohnen zu zeigen, es finden auch auf dem Museumsgelände viele Veranstaltungen statt, die das Leben im ländlichen vormodernen Württemberg reflektieren und erlebbar machen. So kann man auf Zeit in vergangene Lebenswelten eintauchen und gleichzeitig aus heutiger Sicht über sie nachdenken. Ob diese Welten unserer jetzigen vorzuziehen sind oder nicht, mag jeder für sich selbst beurteilen. www.freilichtmuseum-beuren.de

▲ Blick auf das Freilichtmuseum Beuren (Eingangsbereich mit Neckarlanddorf).
▼ Küchenherdstelle.

1758

Pietistische Sprachgewalt: Immanuel Gottlob Brastberger

Am Anfang war das Wort: Im christlichen Glauben kommt der Sprache eine ganz besondere Bedeutung zu, teilt sich Gott doch durch sie den Menschen mit. Das Ringen um den rechten Ausdruck führt zu einer besonderen Sensibilität für die Sprache, die religiöse Botschaft wird so zu einem Sprachkunstwerk.

Ein solches Sprachkunstwerk hat der Nürtinger Pfarrer Immanuel Gottlob Brastberger 1758 mit seiner Predigtsammlung *Evangelische Zeugnisse der Wahrheit* geschaffen. Dieses Produkt tiefer pietistischer Religiosität ist zu einem auflagenstarken »Longseller« geworden, der über fast 200 Jahre hinweg seinen festen Platz in den Bücherregalen der protestantischen Bevölkerung Württembergs behauptet hat. Brastbergers Stil ist von einer vom Pietismus liebevoll gepflegten Innerlichkeit und Empfindsamkeit geprägt, was seinen Predigten einen ausgesprochen poetischen Charakter verleiht. Als Beispiel sei eine Passage aus der Gedächtnispredigt zum Stadtbrand Nürtingens 1750 zitiert, in der er das alles verzehrende Feuer zu einem leidenschaftlichen Bild des Glaubens umdeutet:

»Was Wunder ist's, wenn der Herr Jesus es fast nicht erwarten kann, bis von dem Feuer seiner Gnade und Liebe alles zusammenbrennt? Und ich leugne es nicht, Geliebte, dass ich auch in dieser Absicht zu euch gekommen bin. Ich gehe darauf um, die ganze Stadt und Amt in diesen Brand zu stecken. Vor einem solch leidigen Brand, mit welchem diese werte Stadt vor sechs Jahren heimgesucht worden, wolle euch der Herr künftighin in Gnaden bewahren. [...] Aber das gestehe ich frei und öffentlich, dass ich nicht nachlassen werde, in eurem Herzen Feuer einzulegen, wo ich zukommen kann. [...] Ach, dass es doch wirklich in dieser Kirche anfinge zu brennen!«

Die Predigt schließt mit einem typischen Appell an den »inneren« Menschen; der äußerlichen Bekehrung durch die Taufe soll eine zweite folgen, eine völlige Abkehr von allem Irdischen und eine bedingungslose Hinwendung zu Gott. Nicht was man ist, ist von Bedeutung, sondern wozu man durch Gottes Gnade wird, wodurch der Mensch erst wahre Freiheit erlangt. Außer Gott hat ihm niemand etwas zu sagen. Dieses Denken hat tiefe Spuren in der bisweilen recht eigensinnigen württembergischen Mentalität hinterlassen.

Wer Brastbergers Schriften und die geistige Umwelt, in der sich dieser ebenso fromme wie gelehrte Mann bewegte, näher kennenlernen will, dem sei ein Besuch der *Turmbibliothek* in der Nürtinger Stadtkirche St. Laurentius empfohlen.
www.stadtkirche-nuertingen.de/ueber-uns/stadtkirche-st-laurentius/turmbibliothek

Eine Brandrede: Brastbergers Bußpredigt zum Nürtinger Stadtbrand von 1750.

Christliche
Gedächtnis-Predigt

Der am 12. Dec. 1750.
in der Fürstl. Würtemberg. Amts-Stadt
Nürtingen
entstandenen gewaltigen
Feuers-Brunst,
Wie solche
Am 12. Dec. 1756. als an Domin. III. Advent
der Christlichen Gemeinde daselbst
gehalten worden,
Von
M. Immanuel Gottlob Brastberger,
Special-Superattendenten und Stadt-Pfarrern,
Mit einer kurzen Relation von ersagter leidigen Brunst
von einem Freund daselbsten
zum Druck befördert.

Stutgart, gedruckt und zu finden bey Johann Nicolaus Stoll.

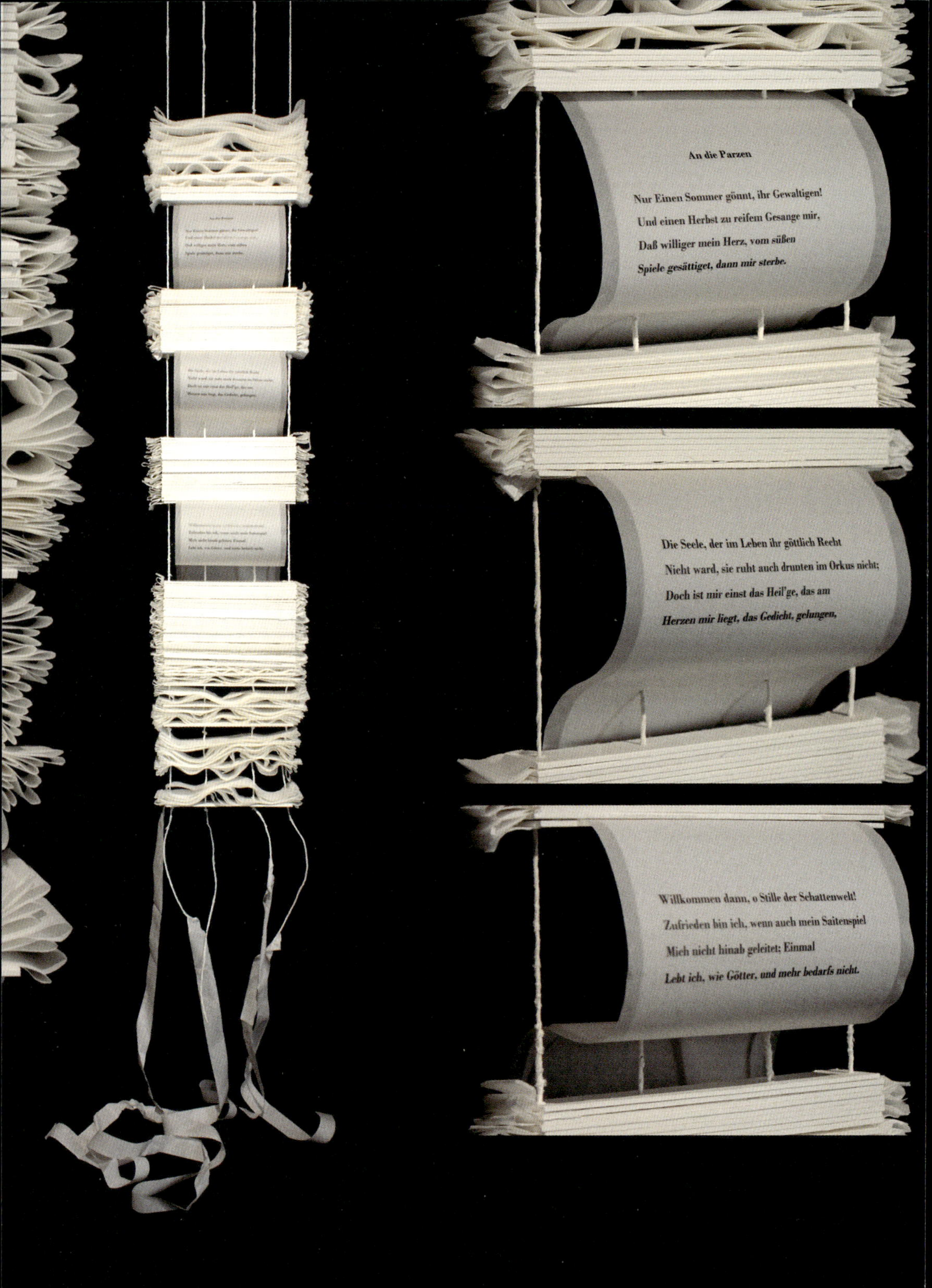
An die Parzen
Nur Einen Sommer gönnt, ihr Gewaltigen!
Und einen Herbst zu reifem Gesange mir,
Daß williger mein Herz, vom süßen
Spiele gesättiget, dann mir sterbe.
Die Seele, der im Leben ihr göttlich Recht
Nicht ward, sie ruht auch drunten im Orkus nicht;
Doch ist mir einst das Heil'ge, das am
Herzen mir liegt, das Gedicht, gelungen,
Willkommen dann, o Stille der Schattenwelt!
Zufrieden bin ich, wenn auch mein Saitenspiel
Mich nicht hinab geleitet; Einmal
Lebt ich, wie Götter, und mehr bedarfs nicht.

1774

Froh kehrt der Schiffer heim: Hölderlin in Nürtingen

Heimat ist heute ein vielgebrauchtes Wort. Was bedeutete sie einem der bekanntesten schwäbischen Dichter? Für Friedrich Hölderlin (1770–1843), der seine ersten Lebensjahre in Lauffen verbrachte, dann aber mit seiner Mutter nach Nürtingen umzog, war die Stadt einer der wichtigsten Bezugspunkte.

Im Jahr 1774 kam Hölderlin als Vierjähriger nach Nürtingen. Seine Mutter hatte sich nach dem Tod ihres ersten Mannes hierher verheiratet. Halt fand Hölderlin an seinem Stiefvater Johann Christoph Gok, der Weinhändler und Nürtinger Bürgermeister war. Doch auch diese Vaterfigur starb bereits fünf Jahre später.

Die Familie lebte 24 Jahre lang in der Beletage im heutigen *Hölderlinhaus* in der Neckarsteige. 1798 zog sie ins *Breunlin'sche Haus* gegenüber der Stadtkirche um, heute Kirchstraße 17. Die Mutter Johanna Christiana, die ihren Sohn weitaus lieber auf einer Pfarrstelle gesehen hätte anstatt als ruhelosen Dichter, lebte bis zu ihrem Tod 1828 in Nürtingen.

Hölderlin besuchte hier die Lateinschule, wo er den um einiges jüngeren Friedrich Schelling, mit dem er später in Tübingen in demselben Zimmer wohnen sollte, vor böswilligen Mitschülern schützte. Als geübter Wanderer erkundete er mit seinem Halbbruder Karl die Nürtinger Umgebung. *Der Winkel von Hardt* etwa und *In lieblicher Bläue* zeigen Spuren dieser Aktivitäten. Im letzteren Text beschreibt Hölderlin auch das metallene Dach der Nürtinger Stadtkirche St. Laurentius, in der er konfirmiert wurde.

Hölderlin blieb seiner Heimatstadt lebenslang verbunden. Bis 1804 kehrte er – trotz des ambivalenten Verhältnisses zu seiner Mutter – immer wieder hierher zurück. In Nürtingen schrieb oder überarbeitete er zahlreiche seiner Werke, so den Roman *Hyperion* und die *Nachtgesänge* mit seinem wohl bekanntesten Gedicht *Hälfte des Lebens*.

Hölderlin besaß zeitlebens das Nürtinger Bürgerrecht. Nachdem seine Mutter 1828 gestorben war, verwalteten von der Stadt Nürtingen bestellte Pfleger sein Vermögen. Auch wenn Nürtingen namentlich in keinem von Hölderlins Gedichten genannt wird, prägte die Stadt samt ihrer Umgebung vom Neckar bis zur Schwäbischen Alb seine Texte wie kaum eine andere.

In einer Ausstellung im sanierten *Hölderlinhaus*, das Teile der historischen Bausubstanz enthält, werden die vielfältigen biografischen und werkgeschichtlichen Beziehungen Hölderlins zu seiner Heimatstadt sichtbar. www.nuertingen.de/de/nuertingen-fuer-alle/stadt-nuertingen/nuertinger-persoenlichkeiten/friedrich-hoelderlin

»Nur einen Sommer gönnt, ihr Gewaltigen!« Hölderlins Ode an die Parzen, künstlerisch adaptiert von Schülerinnen und Schülern des Hölderlin-Gymnasiums Nürtingen.

1784

Lustort des Absolutismus: Schloss Scharnhausen

Wer permanent in der Öffentlichkeit steht, für den ist ein privater Rückzugsort umso wertvoller. Dies gilt auch für absolutistische Monarchen wie den württembergischen Herzog Carl Eugen, der bei Scharnhausen für sich und seine Geliebte Franziska von Hohenheim ein kleines Lustschloss errichtete.

Carolus otio = Carl zur Muße, so lautet die Inschrift auf dem Dreiecksgiebel über dem Portikus des kleinen Schlösschens, das sich Carl Eugen 1784 von Reinhard Ferdinand Heinrich Fischer hat errichten lassen. Maßgeblich war die Nähe zu Schloss Hohenheim. Von dort konnte der Herzog schnell durch das Körschtal zu diesem lauschigen Ort gelangen, um sich von den Regierungsgeschäften zu erholen. Das Schloss selbst ist ein in dem damals modernen frühklassizistischen Stil errichtetes zweigeschossiges Gebäude mit Walmdach und einem vorgelagerten Portikus, der von vier ionischen Säulen getragen wird. Ursprünglich standen neben dem Schloss zwei Pavillons, das Badhaus auf der östlichen sowie das sogenannte »Spielhaus« auf der westlichen Seite, das als Speisesaal genutzt wurde. Beide Pavillons wurden später abgerissen.

Um das Schloss herum ließ Carl Eugen 1788 einen englischen Landschaftsgarten mit künstlichen Hügeln, einem ovalen See sowie einem viereckigen Amortempel als Aussichtspunkt anlegen. Das Tempelchen gibt es heute noch, allerdings nicht mehr am originalen Standort; der See wurde später verfüllt, als König Wilhelm I. 1810 das Gelände zu einem Fohlenhof umbauen ließ.

Auch nach der Abdankung des württembergischen Königshauses 1918 blieb das Scharnhäuser Schloss im Besitz der Familie, die einen Teil des Parks an die Landwirtschaftliche Hochschule Hohenheim verpachtete.

Wer tatsächlich bald darauf die Macht im Land hatte, konnte man aber im Nationalsozialismus sehen: Nunmehr musste ein großer Teil des Schlossparks an die Luftwaffe abgegeben werden, die das Gelände für ihren Fliegerhorst Nellingen brauchte. Nie hätte das Motto *Carolus otio* deplatzierter sein können als in diesen Zeiten.

Nach dem Krieg wurden im Schloss zunächst Vertriebene untergebracht, die hier eine andere Form von *otium* nach den Schrecken des Krieges suchten. Seitdem wird das Schlösschen privat genutzt. Heute ist es ein beliebter Blickfang für Fußgänger und Radfahrer im Körschtal – in einer Zeit, in der es angesichts von zunehmender Zersiedelung der Landschaft und ständig anschwellenden Verkehrsströmen immer schwieriger wird, im Stuttgarter Ballungsraum sein *otium* zu finden. Wie wichtig ein solcher Rückzugsort ist, daran erinnert uns dieses charmante kleine Schlösschen.

»Carolus otio«: das Scharnhauser Schlösschen, errichtet 1784.

ANNO DOMINI CIƆIƆCCLXXXIV

19. Jahrhundert

Die Kunst des Obstbaus: Streuobstwiesen

Eines der schönsten Erlebnisse ist die Baumblüte im Albvorland im Frühjahr. Äpfel, Birnen, Kirschen, Zwetschgen und vieles mehr werden hier traditionell seit langer Zeit angebaut, und die auf diese Weise entstandenen Obstbaumwiesen sind längst landschaftsprägend geworden.

Auch wenn heute kaum jemand noch vom Obstbau lebt: Die Bewohner des Albvorlandes sind leidenschaftliche Obstbauern, die auf einer Fläche von rund 26 000 Hektar zwischen Alb und Neckar eine der größten zusammenhängenden Streuobstlandschaften Europas bewirtschaften. Rund 1,5 Millionen Obstbäume stehen hier.

Neben dem Obstertrag, der außer dem Direktverkauf auch zu Säften, Weinen, Likören und Bränden verarbeitet wird, ist ein ganz wichtiger Aspekt der Bewirtschaftung der Obstbaumwiesen auch die Landschaftspflege geworden. Sie bieten einen Lebensraum für über 5000 Tier- und Pflanzenarten, und auch in landschaftsästhetischer Sicht sowie als Erholungsgebiet kommt den Obstwiesen eine wichtige Bedeutung zu.

Deren Pflege ist allerdings recht arbeitsintensiv. Wer sich jedoch dafür entschieden hat, ist häufig an seinem Wiesengrundstück sehr froh, und oft wird abends nach Arbeitsende oder am Wochenende der Schlepper herausgeholt und zur Wiese hinausgefahren, wo es immer irgendetwas zu tun gibt. In den zahlreichen Obstbauvereinen des Landes tauscht man sich sachkundig aus. Viele dieser Vereine gehen auf die Initiative des Pomologen Eduard Lucas zurück, der sich im 19. Jahrhundert um die Verbesserung des Obstbaus in Württemberg bemühte.

Inzwischen haben sich auch zahlreiche Online-Börsen gebildet, wo Tipps ausgetauscht sowie Obstbaumwiesen zum Verkauf, zur Pacht oder deren Früchte zum Abernten angeboten werden. Vielfach hat sich auch der Brauch etabliert, Bäume, die vom Besitzer nicht oder nur teilweise abgeerntet werden können, mit einem gelben Band zu versehen und so zur allgemeinen Nutzung freizugeben.

Auch in den hiesigen Supermärkten kann man zur Erntesaison wieder leckeres Obst aus Streuobstwiesen finden. Der Verein Schwäbisches Streuobstparadies e. V. vermarktet traditionelle Apfel- und Birnensorten zahlreicher Bewirtschafterinnen und Bewirtschafter. Diese erhalten dadurch einen guten Preis für ihr angebautes Obst, und die Kunden kommen in den Genuss schmackhafter Produkte aus ihrer nächsten Umgebung. www.streuobstparadies.de

Streuobstwiese am Fuß der Limburg bei Weilheim.

Weinkultur in der »Schwäbischen Toskana«

Wein ist ein Kulturgetränk, auf das seine Erzeuger besonders stolz sind. Durch die Römer nach Mitteleuropa gebracht, wurde der Weinbau im Mittelalter vor allem von den Klöstern gepflegt. Heute gibt es im Kreisgebiet im Neckartal sowie im Neuffener Tal und dessen Umgebung eine liebevoll gepflegte Weinkultur.

In das Steinachtal kam der Weinbau im 11.–13. Jahrhundert vor allem durch das Kloster Zwiefalten. Durch die stark ansteigende Zahl von Klöstern nahm im Mittelalter der Weinbau stark zu. Nicht nur für die Abendmahlsfeier, sondern auch als alltägliches Tischgetränk sowie zur Bewirtung hochstehender Gäste hatten sie einen großen Bedarf an Wein. Über die Mönche wurde auch das zum Weinbau erforderliche Wissen an die örtliche Bevölkerung, die die Weinberge zu pflegen und die Lese einzubringen hatte, weitergegeben. Im Laufe der Zeit entstand so ein eigener Weingärtnerstand, der allmählich auch in den Besitz der von ihm bewirtschafteten Weinberge kam. Mit dem Aufstieg der Städte im Hoch- und Spätmittelalter suchte das städtische Bürgertum die vornehmen Lebensformen zu imitieren, was auch dort zu einem gestiegenen Weinkonsum und -handel führte. Württembergischer Wein wurde vor allem nach Oberschwaben und Bayern exportiert. Stark gelitten hat die württembergische Weinkultur durch den Dreißigjährigen Krieg. Im Jahr 1652 lagen allein im Oberamt Nürtingen 400 von 520 Morgen Weinbaufläche brach. Auch hatte der lange Krieg eine bedeutende Verschlechterung der Weinqualitäten mit sich gebracht. Zugleich war wegen des Bevölkerungsrückgangs die Kaufkraft eingebrochen, sodass in weniger günstig gelegenen Gegenden fortan auf den Weinbau verzichtet wurde. Nur sehr langsam kam wieder eine qualitätvolle Weinbaukultur in Gang, wofür sich zu Beginn des 19. Jahrhunderts sogenannte »Weinverbesserungsgesellschaften« einsetzten, die Musterweinberge mit edlen Rebsorten als Modell für die Winzer anlegten.

Der im Neuffener Tal angebaute Wein wird heute in der Regel im Nebenerwerb produziert. Die meisten Winzer haben sich in der 1948 gegründeten *Weingärtnergenossenschaft Hohenneuffen-Teck* zusammengetan, einige machen auch heute noch alles selbst. Was die Rebsorten anbelangt, so wurde anfangs vor allem Silvaner angebaut. Inzwischen gibt es eine sehr große Sortenvielfalt mit einem breiten Angebot für den Weinliebhaber. Durch die Weinberge des Neuffener Tals zu spazieren, den Blick auf die Landschaft zu genießen und anschließend den hier gezogenen Wein in einem der örtlichen Restaurants oder zu Hause zu verkosten, ist ein herrliches Erlebnis. www.weingaertner-neuffen.de

Wengerterhäuschen im Neuffener Tal bei Linsenhofen.

LUXORETTE

1816

Urgestein der Industrialisierung: Textilfabrik Otto

Wer heute in ein Kleidergeschäft geht, ahnt kaum, dass die Wiege der Textilindustrie einst auch hierzulande stand. Nur noch selten sind die Werksgelände dieser teils riesigen Fabriken erhalten, die vielen Menschen lange Zeit Arbeit gaben.

Ein solcher textiler Großbetrieb war die Baumwollspinnerei und -weberei *Heinrich Otto und Söhne*. Ihr Gründer Immanuel Friedrich Otto war ein Kaufmann, der in Stuttgart zu Beginn des 19. Jahrhunderts die Technik der Türkischrotfärberei erlernt hatte. Als durch die napoleonische Kontinentalsperre die britische Konkurrenz vom europäischen Festlandsmarkt ferngehalten wurde, ergriff Otto die Gelegenheit und kaufte zum Jahresende 1814 in Nürtingen ein bereits teilweise bebautes Firmengelände samt Konzession für die Wasserkraftnutzung und der Erlaubnis zum Bau einer Baumwollspinnerei. 1816 nahm er eine der ersten Baumwollspinnereien in Württemberg in Betrieb. Die erste Spinnmaschine mit 500 Spindeln hatte Otto von einem Pariser Uhrmacher bezogen. Unter Immanuel Ottos Sohn Heinrich gelang der Durchbruch zum Großunternehmen, und die Otto-Firmengruppe (das Stammwerk in Nürtingen wurde 1873 dem Schwiegersohn Albert Melchior übereignet, der Unterboihinger Betrieb dem ältesten Sohn Robert, 1877 entstand eine weitere Firma für den Sohn Heinrich jr. in Reichenbach) wuchs mit fast 170 000 Spindeln und 2770 Webstühlen zur größten Baumwollspinnerei Württembergs heran.

Ab 1907 bauten Heinrich Otto jr. sowie sein Cousin Fritz Otto und dessen Partner Fritz Engels in Deutsch-Ostafrika, dem heutigen Tansania, eine Baumwollplantage auf, um sich einen eigenen Rohstoffzugang zu sichern. Der verlorene Erste Weltkrieg machte dieses Vorhaben aber zunichte. Bis in die 1950/60er Jahre konnte sich die Textilindustrie hierzulande relativ gut halten. Dann aber sorgte Billigpreiskonkurrenz aus Niedriglohnländern für einen rapiden Preisverfall, was die Auslagerung vieler Produktionsstätten ins Ausland zur Folge hatte. Die Firma *Heinrich Otto und Söhne* behauptete sich trotzdem längere Zeit, obwohl sie einen harten Schrumpfungsprozess durchmachen musste. 2020 wurde schließlich der letzte traditionelle Standort der Otto-Gruppe, die Spinnerei Unterboihingen, geschlossen und der Schwerpunkt des Unternehmens nunmehr ins Immobiliengeschäft und die Energieerzeugung durch Wasserkraft verlagert. Derzeit wird am Standort des ehemaligen Unterboihinger Werks ein Quartier für Wohnen und Gewerbe entwickelt: die *Neckarspinnerei*.

Der früheren Bedeutung der Firma Otto kann man anschaulich in den *Stadtmuseen Nürtingen und Wendlingen* nachspüren.
www.stadtmuseum-nuertingen.de; www.museum-wendlingen.de

Die Textilfabrik Otto, eine der Säulen der Industrialisierung im mittleren Neckartal.

1832/33

Das Pfarrhaus als Dichterstube: Mörike in Ochsenwang

»1832 ward mir übertragen auf meine Bitte das unveränderliche Pfarrvikariat zu Ochsenwang bei Kirchheim, welches, obwohl auf einem hohen Vorsprung der Alb gelegen, doch einen wünschenswerten und bis zu meiner anderwärtigen firmlichen Anstellung bleibenden Aufenthalt bot.«

Das östlich der Teck am Albrand gelegene Dörfchen Ochsenwang sollte nicht die letzte Station von Eduard Mörikes unstetem Lebenswandel in Diensten der württembergischen Landeskirche sein, aber eine der wichtigeren. Zuvor hatte er im Lauf seines Vikariats mit Einsätzen in Oberboihingen, Möhringen, Köngen, Pflummern, Plattenhardt, Owen und Eltingen eine regelrechte *tour d'horizon* durch württembergische Landgemeinden, davon viele im Gebiet des heutigen Landkreises Esslingen, absolviert.

Von Januar 1832 bis Oktober 1833 amtierte Eduard Mörike als Pfarrverweser in Ochsenwang. Er bewohnte die Räume im ersten Obergeschoss des damaligen Schulhauses, gegenüber der Kirche. Es war eine literarisch sehr produktive Zeit für ihn. In Ochsenwang ist Mörikes einziger Roman, *Maler Nolten*, entstanden. Auch die Novelle *Miß Janny Harrower* schrieb er hier. Viele der „schönsten Brautbriefe der deutschen Literatur" hat Eduard Mörike vom Albrand aus an seine Braut, die Pfarrerstochter Luise Rau, geschrieben. Trotzdem zerbrach die Verlobung am Ende von Mörikes Ochsenwanger Zeit, dem es augenscheinlich dort gut gefiel.

Mörike, der die Natur liebte, ließ die Erlebnisse zahlreicher Wanderungen rund um das Dorf in seine Dichtungen einfließen. Der »Mörikefelsen« am Albtrauf war ihm ein geschätzter Aussichtspunkt.

Als Pfarrverweser auf einer unständigen Stelle konnte sein Bleiben allerdings nicht von Dauer sein. Über Weilheim, noch einmal Owen und Ötlingen kam Mörike 1834 erstmals auf eine feste Pfarrstelle in Cleversulzbach, wo er bis zu seinem vorzeitigen Ruhestand 1843 blieb.

Eine Ausstellung im ehemaligen Ochsenwanger Schulhaus gegenüber dem Kirchlein informiert zu den drei Facetten Mörikes: Pfarrverweser, Dichter und Verlobter während seiner Zeit in Ochsenwang, sowie zu Alltagsthemen wie Zeichnen, Wandern und Familie.

Bene vixit qui bene latuit – gut hat gelebt, wer sich gut verbergen konnte: Für Eduard Mörike, der mit diesem Ovid-Zitat eine Zeichnung Ochsenwangs unterschrieb, scheint das Dörfchen am Albrand zumindest zeitweilig ein optimaler Rückzugsort gewesen zu sein. Ob er dauerhaft hier hätte bleiben können, mag bezweifelt werden. Aber auf jeden Fall hat er bleibende Spuren hinterlassen. www.moerikehaus-ochsenwang.de

Eduard Mörike auf einer Lithografie von 1851.

1846

Eine Stadt und die Bahn: Bahnknoten Plochingen

Eisenbahnerorte haben oft ein spezielles Klima. Umgeben von gigantischen Gleisanlagen, lebt man in engster Symbiose mit dem Verkehrsmittel, das einem Lohn und Brot garantiert, zugleich aber die Verbindung in die Ferne herstellt. Plochingen ist so ein Ort, dessen Name untrennbar mit der Bahn verbunden ist.

Als die Eisenbahn Mitte des 19. Jahrhunderts nach Plochingen kam, bewohnten rund 1900 Personen die Marktgemeinde. Am 14. Dezember 1846 weihte die *Königlich Württembergische Staatsbahn* den Streckenabschnitt Esslingen–Plochingen ein, eine Teilstrecke auf dem Weg von Stuttgart nach Ulm. 1847 folgte die nächste Teilstrecke ins Filstal hinein nach Süßen. 1859 wurde Plochingen zum Umsteigebahnhof, als der erste Abschnitt der Bahnstrecke nach Tübingen eröffnet wurde. 1978 wurde Plochingen außerdem zum Endpunkt der S-Bahn-Linie 1, für die man auch ein neues Betriebswerk baute.

Parallel zum Wachstum des Bahnknotens verlief auch dasjenige des Orts: Die 1948 zur Stadt erhobene Gemeinde zählt inzwischen mehr als 14 000 Einwohner.

Markant erhebt sich der 1905 bis 1907 von Theodor Fischer im Heimatschutzstil erbaute Bahnhof am Stadtrand, dem in südöstlicher Richtung entlang der Bahnanlagen die ebenfalls von ihm entworfenen Bahnarbeiterhäuser beigeordnet sind. Auf diese Weise erkennt der Betrachter unaufdringlich, aber doch sofort die zentrale Rolle der Bahn für den Ort. Eisenbahner sein, das war lange Zeit eine spezielle Mentalität, mit der sich auch ein bestimmter Stolz auf den Berufsstand verband.

Zur frühen Eisenbahngeschichte gehören auch die zahlreichen, heute oft liebevoll restaurierten Streckenwärterhäuschen zwischen den einzelnen Bahnhaltepunkten. Der Streckenwärter hatte früher die ihm zugewiesene Trasse abzugehen, zu kontrollieren und zu pflegen, wie es Gerhart Hauptmann in seiner Erzählung *Bahnwärter Thiel* treffend beschrieben hat. Die alten Bahnübergänge, an denen noch mit Hand die Schranke hoch- und runtergekurbelt wurde, sind natürlich längst verschwunden und durch Unterführungen, die den Verkehrsfluss nicht stören, ersetzt worden.

Liebevoll gepflegte Eisenbahnromantik vergangener Tage lässt sich anschaulich mit dem *Sofazügle* erleben, einem Dampfzug, der von Mai bis Oktober sowie im Dezember an einem Sonntag im Monat die Strecke von Nürtingen nach Neuffen entlangfährt. Aber auch im Alltag kann, wer in Plochingen umsteigt, immer noch ein bisschen Eisenbahnerluft schnuppern. www.ges-ev.de

Von Gleisen umschlungen: Blick auf Plochingen.

1848/49

Ein Seifensieder macht Politik: Friedrich Tritschler

Demokratie ist eine wertvolle Errungenschaft, die immer wieder aufs Neue verteidigt werden muss. Dass wir sie leben dürfen, dafür haben andere vor uns unter großem persönlichem Einsatz gekämpft. Einer dieser Vorkämpfer war der Kirchheimer Seifensieder Friedrich Tritschler.

Friedrich Tritschler war eine der führenden Figuren der Revolution 1848/49 in der Oberamtsstadt. Dass ein Seifensieder in die Politik geht, war zu dieser Zeit etwas sehr Ungewöhnliches; normalerweise blieb dies den städtischen Honoratioren vorbehalten. Tritschler hatte aber ein zentrales Anliegen, das er auf einer Rede am 7. März 1848 vor über 350 Bürgern vortrug: »Unsere Fürsten haben damals versprochen, ihren Völkern ihre Rechte und Freiheit einzuräumen, um sie für immer glücklich zu machen. Was haben sie aber gehalten? Die Pressefreiheit ist zwar uns in der Verfassung garantiert, doch erst seit einigen Tagen haben wir sie erhalten. Was wäre aber nötiger gewesen als diese herrliche Freiheit? Wie hätten wir unseren Fürsten zu jeder Stunde sagen können, wo uns der Schuh drückt? Allein so waren sie von lauter Höflingen so dick eingemummt, dass die Wahrheit nie zu ihren Ohren kommen konnte. Alle diese Bücklinge, und alle diese Männer des Rückschritts [...] haben zwischen Fürst und Volk eine Schranke gesetzt.«

Diese Schranke aufzuheben, ist Friedrich Tritschler angetreten. Die Versammlung vom 7. März formulierte eine Petition an den Landtag, in der man unter anderem ein gesamtdeutsches Parlament, Volksbewaffnung, Pressefreiheit und freie Wahlen forderte. In der Folge entwickelte sich Tritschler zum überzeugten Republikaner. Als sich im Juni 1849 ein Scheitern der Revolution abzeichnete und die letzten Mitglieder der Nationalversammlung in Stuttgart von Militär auseinandergetrieben wurden, rückte Tritschler am Abend des 18. Juni mit rund 100 bewaffneten Freiwilligen aus Kirchheim aus, um in einer Art »Revolutionszug« den bedrängten Abgeordneten zu Hilfe zu kommen. Erfolglos: Am nächsten Tag kehrte man zurück. Tritschler wurde zum Volkshelden. Bei der Landtagswahl am 1. August 1849 gelang ihm ein triumphaler Sieg. Nach dem Ende der Revolution machte ihm die Justiz 1850 allerdings wegen Aufruhrs den Prozess, dem er sich durch Flucht in die Schweiz und dann nach Amerika entzog. In Abwesenheit wurde Tritschler zu fünfeinhalb Jahren Arbeitshaus verurteilt. In den USA ist er mit nur 49 Jahren 1859 gestorben, nachdem er im Dezember 1857, nach einer Amnestie, noch einmal die alte Heimat besucht hatte. Ein wahrer Märtyrer der Demokratie. www.kirchheim-teck.de/museen

Kämpfer für Freiheit und Demokratie 1848/49: Friedrich Tritschler.

1852

Ein Dichteringenieur: Max Eyth

In seinem Buch »Die zwei Kulturen« behauptet der britische Physiker C. P. Snow, dass es zwischen literarischer und naturwissenschaftlicher Intelligenz einen grundlegenden Unterschied gebe. Dass diese These nicht unbedingt stimmen muss, zeigt der aus Kirchheim stammende Ingenieur Max Eyth.

Eyth, 1836 in Kirchheim unter Teck als Sohn eines Lateinlehrers geboren, entschied sich für eine Ingenieurslaufbahn, nachdem ihn bei der Besichtigung einer Hammerschmiede eine tiefe Faszination für die Technik ergriffen haben soll. 1852 begann er ein Studium an der *Polytechnischen Schule* in Stuttgart mit dem Schwerpunkt Technische Mechanik. Währenddessen schrieb Eyth aber auch Gedichte und Erzählungen. Eine weitere Leidenschaft war ihm, neben dem Klavierspiel, das Freihandzeichnen; es sind viele sehr ausdrucksvolle Zeichnungen aus seiner Hand überliefert. Eyth war also im gleichen Maße Künstler wie Techniker, wenn er auch aus dem Letzteren seinen Beruf machte. Ebenso war Eyth ein leidenschaftlicher Reisender, der mit offenen Augen durch die Welt zog. Nachdem er zunächst für eine Stuttgarter Maschinenfabrik gearbeitet hatte, wechselte Eyth zu einem englischen Dampfpflughersteller, für den er in den Außendienst ging. Voller Neugier sammelte Eyth in den unterschiedlichsten Erdteilen und Ländern Reiseeindrücke und Begegnungen mit Menschen, worüber er in seiner vielgelesenen Autobiografie »Hinter Pflug und Schraubstock« berichtet. 1882 kündigte Eyth seine Stelle und kehrte nach Deutschland zurück. Dort setzte er sich maßgeblich für die Gründung eines agrarischen Zentralverbands, der *Deutschen Landwirtschaftlichen Gesellschaft* (*DLG*), ein, deren Geschäftsführung er anfangs übernahm. Besonders am Herzen lagen ihm die landwirtschaftlichen Ausstellungen, die er nach dem Vorbild der *Royal Agricultural Society* organisierte. Eyth wäre aber nicht Eyth gewesen, wenn er nicht auch das Logo der *DLG* entworfen hätte. Der Ingenieur, Landwirtschaftsfunktionär und Künstler in ihm gingen eine enge Symbiose ein. Mit 60 Jahren zog sich Eyth aus dem *DLG*-Vorstand zurück und siedelte nach Ulm über, wo er sich in den letzten zehn Lebensjahren vor allem der Schriftstellerei und dem Zeichnen widmete: Über 1000 Werke sind in der Ulmer Zeit entstanden. Ein Universaltalent mit vielfältigen Erlebnisse und Begabungen. Eyth lehrt uns, die Welt mit offenen Augen zu sehen und nicht auf die eigene Fachidiotie beschränkt zu bleiben: dichtende Techniker, zeichnende Manager – warum nicht? Wer sich mit Eyth näher beschäftigen will, mag zu dem nach ihm benannten Literaturmuseum in Kirchheim pilgern. www.kirchheim-teck.de/museen

▲ Max Eyth bei der Eröffnung der DLG-Ausstellung in Berlin, 1894. ▼ Die Kirchheimer Lateinschule, Max Eyths Geburtshaus, gezeichnet von ihm selbst, 1906.

1855

Papier und Kunst: Papierfabrik Scheufelen

Papier ist etwas ganz Besonderes. Als Beschreibstoff und Druckpapier ist es Kulturträger und ästhetisches Objekt und unterliegt damit einer eigenen Ästhetik. Diese Ästhetik hat bis tief in industrielle Zeiten hinein auch auf den Papiermacher abgefärbt, der seine Tätigkeit als etwas Besonderes sah.

Ein solch besonderer Papierhersteller ist die Papierfabrik *Scheufelen* in Oberlenningen gewesen. Sie war aus einer Papiermühle entstanden, die der Lehrer Karl Scheufelen 1855 erwarb, weil er aufgrund seiner Beteiligung an der Revolution 1848/49 nicht mehr in den Schuldienst zurückkehren konnte. In den 1890er Jahren spezialisierte sich das Unternehmen auf die Herstellung zweiseitig gestrichenen Kunstdruckpapiers, das unter dem Markennamen *Phönix* firmierte. Das Know-how hierzu hatte Karl Scheufelens Sohn Adolf bei der britischen Papierfabrik *Dickinson* erworben und weiterentwickelt. So wurde *Scheufelen* zum führenden Hersteller von Kunstdruckpapieren in Europa; zu einem Zeitpunkt, als es mit Hilfe der Technik der Autotypie erstmals gelang, Abbildungen mit fotografischer Genauigkeit auf Buch- und Zeitungsdruckpapier zu reproduzieren. Zahllose Bildbände und Kunstdrucke sind auf *Scheufelen*-Papier entstanden, wodurch sich zahlreiche Kooperationen der Firma mit Künstlern und Designern ergaben. Dabei blieb die Firma, die sich zum größten Arbeitgeber des Lenninger Tals entwickelte, über die Jahrzehnte hinweg ein mittelständischer Betrieb in Familienbesitz, bis ein dramatischer Wandel im Papiermarkt um die Jahrtausendwende ihr die Geschäftsgrundlage entzog. Im Zeitalter des Internets schrumpft die Nachfrage nach Papier kontinuierlich – außer bei Verpackungen. Infolge stark steigender Energiekosten geriet *Scheufelen* 2008 in Insolvenz, wurde mehrfach verkauft, 2018 erneut insolvent und auf Grundlage einer neuen Technologie, eines aus besonderen Pflanzenfasern gewonnenen Papiers, neu gegründet. Auch die Nachfolgegesellschaft musste 2019 in Insolvenz gehen. Trotzdem laufen derzeit Versuche weiter, Pflanzenfaserpapiere zur Marktreife zu bringen. Dazu wird allerdings das riesige Firmengelände nicht mehr benötigt. Im Frühjahr 2022 ist es an einen Immobilienentwickler verkauft worden, die denkmalgeschützten Gebäude des Areals sollen bewahrt werden. Auch das Empfinden dafür, dass Papier ein ganz besonderer, ästhetisch hochwertiger Stoff ist, sollten wir uns bewahren. Zum Beispiel durch einen Abstecher ins *Museum für Papier- und Buchkunst* im Oberlenninger Schlössle unweit des *Scheufelen*-Geländes.
www.lenningen.de/freizeit-gaeste/kultur/museum-fuer-papier-buchkunst

▲ Papiermaschine, 1930er Jahre. ▼ Papier – ein Kulturprodukt. Scheufelen-Werbekampagne, 1990.

Die Kultur der Menschheit
besitzt nichts Ehrwürdigeres
als das Buch,
Wunderbareres und nichts,
das wichtiger wäre!

Gerhart Hauptmann

1880

Industriebau zwischen Funktion und Ästhetik: Philipp Jakob Manz

Industrie ist unsere Lebensgrundlage. Und sie hat eine ganz eigene Ästhetik, die man auch zelebrieren kann. Leider sind unsere Gewerbegebiete heute oft ein zusammengewürfeltes Etwas. Dass man dem Ganzen auch Stil verleihen kann, hat der Architekt Philipp Jakob Manz aus Kohlberg gezeigt.

Manz war ein Selfmademan. 1861 als Sohn der ledigen Tochter eines nach Amerika ausgewanderten Metzgers in Kohlberg geboren, begann er zunächst eine Lehre als Steinbildhauer, um sich dann 1880 an der *Königlich Württembergischen Baugewerkeschule* in Stuttgart einzuschreiben, die auch Volksschulabsolventen eine Ausbildung ermöglichte. Nachdem er zunächst ein paar Jahre im Büro des Architekten Otto Tafel gearbeitet hatte, machte sich Manz 1892 mit einem eigenen Büro in Kirchheim selbständig. Die ersten Aufträge waren repräsentative Privatvillen zahlungskräftiger Kunden. Da Manz hervorragende Arbeit schlüsselfertig in kürzester Zeit lieferte, wurde er bald mit größeren Aufträgen, vor allem im Industriebau, betraut. Seine unglaubliche Geschwindigkeit bei der Bauausführung trug ihm den Spitznamen »Blitzarchitekt« ein. Dabei war Manz bei allem, was er machte, Perfektionist: Für einen Auftrag der *Deutschen Linoleumwerke* in Bietigheim reiste er eigens nach Schottland, um sich bei einer dortigen Fabrik ein Bild der Produktionsabläufe zu machen.

Bald baute Manz, der 1901 sein Büro in den Stuttgarter Friedrichsbau verlegte, für nahezu sämtliche Industriegiganten der Region: *Eisenlohr, Gminder, Otto* und viele andere. Auch die heute als *Zentrum für Kunst und Medien* bekannte *Deutsche Waffen- und Munitionsfabrik* in Karlsruhe wurde von ihm geplant. Auch überregional wurde Manz ein Begriff: 1905 gründete er ein Zweigbüro in Wien. Dabei ist an Manz' Fabrikentwürfen bemerkenswert, dass sie nicht nur genauestens auf die an sie gestellten funktionalen Anforderungen reagierten und so ein effektives Produzieren ermöglichten, sondern den Industriegebäuden eine ästhetisch ansprechende Erscheinung verliehen. Industrie wurde so zu einem ästhetischen Erlebnis aufgewertet, die Fabrikgebäude zu Kathedralen der Moderne.

Leider werden bis heute viele dieser »Kathedralen« immer noch achtlos abgerissen oder durch unsensible bauliche Eingriffe in ihrem Erscheinungsbild beeinträchtigt. Es ist höchste Zeit, den Wert dieser für die Industriegeschichte der Region so wichtigen Bausubstanz zu erkennen und zu schützen. Noch kann man einige Manz'sche Fabrikanlagen bewundern, wie das Areal der *Papierwarenfabrik Otto Ficker* in Kirchheim. Wir sollten sie uns bewahren.

Zwei typische Manz-Bauten: ▲ Spinnerei Otto in Unterboihingen, ▼ Fabrikgebäude Quist in Esslingen.

1889

Das Wandern ist des Bürgers Lust: die Teck und wir

Wandern hat heute Konjunktur. Wer am Wochenende auf den Albrand fährt, wird nur selten völlige Abgeschiedenheit finden. Auf den Wanderwegen ergehen sich viele Bewohner aus den Ballungsgebieten auf der Suche nach Naturerleben.

Dabei ist Wandern nicht zu allen Zeiten eine Freizeitbeschäftigung gewesen. In früheren Zeiten mussten Menschen schon allein aus Notwendigkeit viel laufen, sodass es ihnen kaum den Sinn gekommen wäre, sich damit die Zeit zu vertreiben.

Als einer der markantesten Ausläufer der Schwäbischen Alb zählt der 773 Meter hohe Teckberg zu den beliebtesten Wanderzielen. Anstelle der mittelalterlichen Burg Teck, Namensgeberin der Herzöge von Teck, die im Bauernkrieg zerstört wurde, thront nun ein 1889 errichteter Aussichtsturm auf der Bergspitze, an den sich ein Wanderheim anschließt.

Der Teckberg ist hervorragend geeignet, um unseren veränderten Umgang mit der Natur und historischen Relikten aufzuzeigen. Geht es dem heutigen Besucher vor allem um das Besteigen des Gipfels, wo er die Ruinen der Burg betrachten und den herrlichen Ausblick genießen kann, lag der Wert des Teckberges für die Bewohner der umliegenden Orte lange Zeit in seiner Qualität als Viehweide. Der Umgang mit dem Berg war also deutlich nüchterner.

Davon ist das Geschehen auf dem Berg heute völlig entkoppelt. Hier will man sich von unserer rationalisierten modernen Welt erholen – was wiederum den Teckberg zu einem Ort des Mythos macht, wie er sich in der Sage von der »Sibylle von der Teck« verkörpert. Diese weise Frau soll in einer Höhle unterhalb der Burg, dem »Sibyllenloch«, gehaust haben, von wo aus sie mit einem geflügelten Wagen über Land gefahren sei, dessen Spuren man heute noch am Boden erkennen könne. Inzwischen haben Archäologen diese »Sibyllenspur« als Reste einer römischen Straße identifiziert, und auch von der Sibyllensage ist nicht allzu viel übrig geblieben, nachdem bekannt wurde, wie ein ursprünglich recht dürres Sagengerippe von Gelehrten nach dem Vorbild der antiken Sibylle Vergils ausgeschmückt worden ist. Aber was wäre eine Höhle ohne Sage?

Auch die moderne Technik hat sich den Teckberg dienstbar gemacht. Wer vom Gipfel aus auf die Nordseite hinabblickt, entdeckt am Fuß des Berges einen Segelflugplatz. Die Teck war wegen ihrer günstigen Aufwinde einer der ersten Berge, von denen aus die Segelflugbewegung in den 1920er Jahren unter Anleitung des Flugpioniers Wolf Hirth ihren Betrieb aufnahm. Wer lange genug auf dem Berggipfel Ausschau hält, wird unweigerlich einen solchen Flieger ganz nahe vorbeistreifen sehen und ihm zuwinken können. www.burg-teck-alb.de

Die Teck als Ort der Legende: die Sibyllenfahrt. Illustration, 1906.

1914
1918
DIE GEMEINDE
BEUREN
SO WIE SIE STARBEN
ALS DEUTSCHLANDS
WEHR, SO WOLLEN
WIR BESCHIRMEN
DEUTSCHLANDS EHR
WOLLEN ALLES FÜR
DIE FREIE HEIMAT GE-
BEN WIE DIE HELDEN
GEFALLEN
FÜR IHR VATERLAND
KARL BUCK
WILHELM DIETRICH
HERMANN DOBLER
FRIEDRICH DOSTER
JOHANNES DOSTER
JAKOB EBERHARDT
ALBERT HAUFF
JMMANUEL HAUFF
KARL HAUFF
AUGUST KAZMAIER
GOTTLOB KLASS
JOHANNES KLASS
KARL KLASS
FRIEDRICH KNAPP
CHRISTIAN KOCH
KARL KROHMER
GOTTHILF KROHMER
FRIEDRICH KURZ

1914 bis 1918

Heldentod? Beurener Kriegerdenkmal

Gefallenenehrungen in Form von Denkmälern sind Ausdruck des zutiefst menschlichen Bedürfnisses nach Totengedenken. Zugleich verraten Kriegerdenkmäler viel über das kollektive Bild des Krieges.

Über Jahrhunderte hinweg wurde das individuelle Gedenken an gefallene Soldaten nur bei wenigen prominenten Persönlichkeiten gepflegt. Der großen Masse wurde, wenn überhaupt, nur summarisch gedacht, wie im Fall der an der Nürtinger Kreuzkirche angebrachten Gedenktafel von 1834, die an die »durch den Dreißigjährigen Krieg dahingerafften Bürger« der Stadt erinnert.

Dies änderte sich gegen Ende des 19. Jahrhunderts, als die Deutschen mit dem siegreichen 1870er Krieg gegen Frankreich ein einigendes Erlebnis zu feiern hatten, das der eigenen Reichsgründung zugrunde lag. Nunmehr entstanden zahlreiche Kriegerdenkmäler im ganzen Land, die die »Helden«, die für das Vaterland ihr Leben dahingegeben hatten, auch namentlich gebührend ehrten. Eines der ersten derartigen Denkmäler in der Region von 1873 steht auf dem Nürtinger Alten Friedhof.

Nach dem verlorenen Ersten Weltkrieg 1918 waren die Dimensionen aber ganz andere, sowohl was die Intensität der Kriegsführung, die Dauer des Krieges als auch die ins Unvorstellbare gewachsene Zahl der Opfer betrifft.

Der Tatsache, dass der Krieg verloren war, wurde vielerorts bei der Gestaltung der Gefallenendenkmäler mit Trotz begegnet. Auf dem Beurener Denkmal von 1923 thront ein drachentötender Michael, und der pathetische Text darunter – »So wie sie starben als Deutschlands Wehr, so wollen wir beschirmen Deutschlands Ehr, wollen alles für die freie Heimat geben, wie die Helden gaben Blut und Leben« – nährt die Legende, dass die gefallenen Männer des Dorfes allein für die Verteidigung des Vaterlands gestorben seien.

Dem Umstand, dass der Krieg mit einem Überfall auf das neutrale Belgien begann und neben den defensiven Zielen auch das offensive, eine deutsche Hegemonie in Mitteleuropa zu errichten, verfolgt wurde, wird nicht Rechnung getragen. Zu sehr war der nationale Stolz verletzt. Und wer wollte sich schon eingestehen, dass die auf dem Denkmal aufgeführten Söhne der Gemeinde unnötig gestorben waren?

Einfacher schien es da, das nationalistische Gedenkpathos beizubehalten. Das war der Minimalkonsens, auf den sich, bis auf die radikale Linke, die Politiker der Weimarer Republik einigten. Dahinter tobte aber die erbitterte Auseinandersetzung, ob die Linken, wie von den Rechten behauptet, die Schuld am verlorenen Weltkrieg trügen. Hinter dem martialischen Pathos verbirgt sich also eine tiefe innere Unsicherheit und Zerrissenheit.

St. Michael tötet den Drachen. Beurener Weltkriegsdenkmal von 1923.

1920

Über den Wolken ...: Segelflugpionier Wolf Hirth

Der Traum vom Fliegen ist so alt wie die Menschheit. Bereits in der Antike erzählt der Mythos von Dädalus und Ikarus von den Chancen und Gefahren dieses Traums, der aber noch über viele Jahrhunderte ein unerfüllter Wunsch bleiben musste. Wolf Hirth hat sich diesen Traum erfüllt und anderen gezeigt, wie sie ihn auch erleben können.

Geboren ist der Segelflugsport in Deutschland aus einer Notlage heraus. Da nach dem verlorenen Ersten Weltkrieg der Motorflug verboten war, bauten sich die Flugbegeisterten eben Segelflugzeuge selbst; eine fabrikmäßige Produktion gab es damals noch nicht.

Die Wiege des Segelflugsports in Deutschland ist die Wasserkuppe in der Rhön. Dort lernte zu Beginn der 1920er Jahre ein junger Abiturient namens Wolf Hirth, Sohn des Erfinders Albert Hirth und jüngerer Bruder der Fliegerlegende Hellmuth Hirth, das Segelfliegen.

Bald zeigte sich hierin eine ganz besondere Begabung Hirths. Er war nicht nur ein leidenschaftlicher und extrem erfolgreicher Flieger, sondern auch ein genialer Konstrukteur. Aus Prototypen entstanden im Lauf der Zeit in der Flugsportgemeinde sehr beliebte Segelflugzeugmodelle wie die *Moazagotl* (1933), mit denen Hirth spektakuläre Flüge in unterschiedlichsten Teilen der Welt unternahm, was seinen Ruf als begnadeter Flugzeugpionier festigte.

Dafür nahm Hirth auch extreme gesundheitliche Risiken in Kauf; schließlich testete er Neuentwicklungen selbst aus. Durch einen Motorradunfall 1925 verlor er den linken Unterschenkel. Seine Flugzeuge und auch seine Motorräder (er fuhr auch eine Zeitlang Motorradrennen) konstruierte Hirth danach entsprechend um; ans Aufgeben dachte er nicht.

Auch als Fluglehrer und Vermittler des Segelfliegens in breite Bevölkerungskreise spielte Hirth eine große Rolle. Rund um die Teck, die wegen der günstigen Aufwinde sehr geeignet für den Segelflug war, baute Hirth nicht nur ein eigenes Unternehmen sowie eine Flugschule auf, er ging auch in die umliegenden Dörfer, um Interessierten die Technik des Segelflugs und Flugzeugbaus zu vermitteln. Fortan schreinerten junge Burschen in Scheunen und Hallen eigene Segelflieger und organisierten sich in Flugsportgruppen.

Die von Hirth und seinen Mitstreitern entfachte Begeisterung für den Flugsport lässt sich heute noch rund um die Teck beobachten: Unterhalb des Bergs fertigt *Schempp-Hirth* seine Segelflieger, etwas westlich liegt der *Segelflugplatz Hahnweide*, einer der größten der Region und alle zwei Jahre Treffpunkt eines großen Flugfestivals. Noch besser als zuschauen ist allerdings einsteigen und mitfliegen. www.hahnweide.de

▲ Wolf Hirth mit dem Modell eines Segelfliegers, 1920er Jahre.
▼ Segelfliegerei in Bissingen an der Teck.

1923

Vorbereitung auf den Putsch: NS-Sonnwendfeier auf der Teck

Die nationalsozialistische Diktatur in Deutschland ist bekanntlich nicht vom Himmel gefallen, sondern Ergebnis eines längeren Prozesses, dessen Richtung sich an bestimmten Wegmarken schon lange vorher erkennen ließ.

Eine davon ist der gescheiterte »Hitlerputsch« am 8./9. November 1923 in München, als die nationalsozialistische Bewegung versuchte, mit Gewalt die Macht in Bayern an sich zu reißen. Hierzu liefen nach dem faschistischen Vorbild von Mussolinis »Marsch auf Rom« im Oktober 1922 schon lange vorher intensive Vorbereitungen, bei denen eine großangelegte »Sonnwendfeier« der Nationalsozialisten auf der Teck am Wochenende vom 23./24. Juni 1923 eine wichtige Rolle spielte.

Hintergrund dieser Großveranstaltung, zu der rund 3500 Nationalsozialisten aus ganz Württemberg anreisten, war zum einen der Ausbau des paramilitärischen Arms der NS-Bewegung, der SA, zu einer gut ausgerüsteten Privatarmee, die sich auf ein Eingreifen im Fall der Fälle vorbereiten sollte. Dazu gehörten das Sammeln von Waffen, Wehrsportübungen sowie die Rekrutierung neuer Mitglieder. Als nach schweren Ausschreitungen ein Versammlungsverbot verhängt und die SA im Dezember 1922 verboten wurde, benannten die Nationalsozialisten ihre SA-Einheiten flugs in *Wander- und Sportgruppen* um, die sich jetzt eben zum »Wandern« trafen.

Zum anderen wollten die Nationalsozialisten die zum Teil skeptische Öffentlichkeit davon überzeugen, dass sie die politische Kraft der Zukunft seien. Dafür war es wesentlich zu zeigen, dass es sich bei den Mitgliedern der NS-Bewegung nicht um einen undisziplinierten Haufen von Krawallmachern handelte, sondern dass man durchaus in der Lage war, »Ordnung« zu schaffen.

Diese beiden Ziele suchte die württembergische NS-Führung im Jahr 1923 durch eine ganze Reihe von Großkundgebungen umzusetzen, darunter die Sonnwendfeier auf der Teck am 23./24. Juni.

Und in der Tat: Die Veranstaltung hatte Wirkung. Am 21. Juli 1923 hob die württembergische Regierung das Versammlungsverbot auf, weil man sich von den Rechten Unterstützung im Kampf gegen die radikale Linke erhoffte. Was die SA-Leute mit den Waffen, die sie nun in der Esslinger Polizeikaserne ausgehändigt bekamen, anfingen, lässt sich denken: Sie wurden in die eigenen Depots, die man für einen Putsch angelegt hatte, integriert. So wurde, wie ein damaliger NSDAP-Funktionär sagte, »der Bock zum Gärtner gemacht«. Der Staat gab denen Waffen, die auf seine Abschaffung hinarbeiteten. Im November 1923 klappte dies noch nicht. Dafür aber, auf andere Art und Weise, rund neun Jahre später.

Eindruck durch Masse: die Sonnwendfeier der Nazis auf der Teck 1923.

1920er Jahre

Dorfgemeinschaft als Ideal: Oberlenningen

Wer das Lenninger Tal nach Oberlenningen hinauffährt, sieht schon von weitem das riesige Scheufelen-Werksgelände am Dorfeingang, das sich trotz seiner Größe harmonisch an den Ortskern anfügt. Diese Harmonie ist architektonisch gewollt, Ausdruck eines besonderen Verständnisses von Moderne.

Scheufelen ist Oberlenningen, und Oberlenningen ist Scheufelen. Lange Zeit hat dieser Satz gegolten, schließlich war die Papierfabrik bis vor Kurzem der größte Arbeitgeber im Tal und die Fabrikantendynastie im Ort omnipräsent. Als fürsorgliche Patriarchen wachte man über das Wohl und Wehe im Dorf, für das man sich verantwortlich fühlte. Die Dorfgemeinschaft sollte eine große Familie sein, in der man füreinander da war und aufeinander aufpasste – unter dem wohlwollenden Blick des väterlichen Fabrikherren, von dem man Lohn und Brot empfing.

Aus einer solchen Sicht mussten aber die vielfältigen Veränderungen, die die moderne Industriegesellschaft seit Mitte des 19. Jahrhunderts mit sich brachte, überwiegend als Bedrohung aufgefasst werden, drohten sie doch, traditionelle Strukturen zu zerstören und die patriarchale Herrschaft in Frage zu stellen. Unzufriedene Arbeiter, die in anonymen Großbetrieben Ausbeutung erfuhren, riefen nach einer sozialistischen Revolution und einer Enteignung der »Kapitalisten«. Dies musste unbedingt verhindert werden, und zwar nach Meinung der Scheufelens, indem man die Ursache der Unzufriedenheit, die Entfremdung und Entwurzelung der Arbeiter, beseitigte und ihnen Orientierung und Halt gab.

In diesem Zusammenhang kommt Oberlenningen als Modelldorf, das die Scheufelens nach ihren Vorstellungen gestalten konnten, eine besondere Bedeutung zu. Hier wollte man, in Antithese zur anonymen, chaotischen Großstadt, eine Dorfgemeinschaft schaffen, in der jeder in einer klaren, großfamilienartigen Hierarchie seinen Platz fand, Sicherheit und Wertschätzung erfuhr. Oberlenningen sollte eine Arbeitergemeinde werden, in der industrielle Moderne und ländliche Tradition zu einer gelungenen Symbiose finden würden.

Architektonischer Ausdruck dieser sozialharmonischen Vorstellungen sind die zahlreichen Gemeinschaftsbauten wie die Fest- und Turnhalle, die die Fabrikantenfamilie im Ort errichten ließ. Hierfür holte man während des Ersten Weltkriegs und in den 1920er Jahren renommierte Stuttgarter Architekten, die sich im Sinne des »Heimatschutzstils« um eine organische Einfügung ihrer Bauten in die Umgebung bemühten. Auch das Scheufelen-Werksgelände sollte nicht wie ein Fremdkörper wirken, sondern die enge Verbindung von dörflicher Kultur und moderner Industrie zum Ausdruck bringen.

Kein Dorf wie jedes andere: Blick auf Oberlenningen, 1930er Jahre.

169
168
167
166
165
164

1937

Abgehoben: vom Flughafen Echterdingen zum Stuttgart Airport

Während der Corona-Lockdowns war es am Himmel um Stuttgart ungewöhnlich ruhig. Der Flughafen, eines der wichtigsten Verkehrsnervenzentren der Region, war von heute auf morgen lahmgelegt. Was idyllisch aussah, bereitete aber große Probleme. Ohne Flugzeuge am Himmel geht ein Tor zur Welt verloren.

Grund genug, um einmal darüber nachzudenken, wie die Fliegerei nach Stuttgart gekommen ist. Der erste Flug- und Zeppelinlandeplatz war der Cannstatter Wasen. 1911 startete Ernst Heinkel von hier mit einem selbstgebauten Flugzeug. Regelmäßige Flüge fanden aber noch nicht statt. Hierfür wurde in den 1920er Jahren ein neuer Flughafen bei Böblingen gebaut, der 1925 eingeweiht wurde.

Bereits zehn Jahre später war aber die Kapazitätsgrenze erreicht, und man musste sich erneut um eine Verlegung Gedanken machen. Als Alternative wurde Nellingen auf den Fildern erwogen, allerdings stellte sich heraus, dass dieser Standort wegen der Nähe zum Neckartal ungeeignet war. So kam der Flughafen schließlich auf sein heutiges Gelände zwischen Bernhausen und Echterdingen. Im April 1937 begannen die Bauarbeiten, zur für September 1939 geplanten Eröffnung konnte es aber wegen des Kriegsausbruchs nicht kommen. Stattdessen übernahm die Luftwaffe das Areal. Im August 1940 wurde es wieder für den zivilen Luftverkehr freigegeben, es gab aber nur wenige Linienflüge.

Seit 1942 wurde das Flughafengelände mehrfach bombardiert, zunächst aber ohne größere Zerstörungen. Erst ein Großangriff von US-Bombern am 14. Dezember 1944 machte die Landebahn unbrauchbar. Um die Jahreswende 1944/45 war in einem Hangar kurzzeitig ein Außenkommando des KZ Natzweiler-Struthof untergebracht. Rund 600 jüdische Häftlinge hatten hier unter furchtbaren Bedingungen Zwangsarbeit zu leisten.

Nach Kriegsende sollte es mehr als drei Jahre dauern, bis im August 1948 der Flugbetrieb wieder aufgenommen wurde. Seitdem ist der Flughafen in mehreren Phasen ausgebaut worden. Ende der 1960er Jahre aufkommende Pläne, einen Großflughafen zu errichten, wurden aber nicht zuletzt wegen des Widerstands der Anliegergemeinden verworfen, die die *Schutzgemeinschaft Filder* bildeten. Ein Gutachten brachte Verlegungen in den Schönbuch, auf den Truppenübungsplatz Münsingen, nach Herrenberg oder Friolzheim ins Spiel, der Flughafen blieb aber an Ort und Stelle. Als man die Autobahn in den 1990ern nach Norden verlegte, wurde das Gelände komplett neu gestaltet und die Landebahn verlängert. Die Corona-Pandemie hat deutlich gemacht, dass Fliegen keine Selbstverständlichkeit ist. Jetzt ist das Tor zur Welt wieder offen.

Stuttgarts Tor zur Welt: der Flughafen, 2019.

1938

Die Reichspogromnacht und Pfarrer Julius von Jan

»O Land, Land, höre des Herrn Wort!« Wer diese Worte des Predigers Jeremia (22,29) ernst nimmt, muss sich bisweilen für einen radikalen Weg entscheiden.

Einen solch mutigen Weg ist der Oberlenninger Pfarrer Julius von Jan im November 1938 gegangen, als auf Geheiß von Joseph Goebbels in Deutschland die Synagogen brannten. Obwohl die württembergische Kirchenleitung die Pfarrer angewiesen hatte, sich zu diesen schrecklichen Ereignissen nicht zu äußern, ließ sich der Gemeindepfarrer von Jan nicht beirren und hielt am folgenden Buß- und Bettag eine flammende Predigt, in der er die Verbrechen an den jüdischen Mitbürgern ungeschminkt anprangerte.

»In diesen Tagen geht durch unser Volk ein Fragen: [...] Wo ist der Mann, der im Namen Gottes und der Gerechtigkeit ruft, wie Jeremia gerufen hat: Haltet Recht und Gerechtigkeit! [...] Tut niemand Gewalt, und vergießt nicht unschuldig Blut! [...]

Gott hat uns solche Männer gesandt! Sie sind heute entweder im Konzentrationslager oder mundtot gemacht. [...] Die Leidenschaften sind entfesselt, die Gebote missachtet, Gottes Häuser, die anderen heilig waren, sind ungestraft niedergebrannt worden, das Eigentum der Fremden geraubt oder zerstört. Männer, die unserem deutschen Volk treu gedient haben, [...] wurden ins KZ geworfen, bloß weil sie einer anderen Rasse angehörten! Mag das Unrecht auch von oben nicht zugegeben werden – das gesunde Volksempfinden fühlt es deutlich, auch wo man darüber nicht zu sprechen wagt. Und wir als Christen sehen, wie dieses Unrecht unser Volk vor Gott belastet und seine Strafen über Deutschland herbeiziehen muss. [...] Gott lässt seiner nicht spotten. Was der Mensch säet, wird er auch ernten!«

Die Folgen dieser mutigen Predigt ließen nicht lange auf sich warten. Am 25. November 1938 wurde von Jan von SA-Männern als »Judenknecht« beschimpft, schwer misshandelt und, nach mehrmonatiger Untersuchungshaft, mit seiner Familie am 13. April 1939 aus Württemberg ausgewiesen. Am 15. November 1939 wurde er von einem Sondergericht zu 16 Monaten Haft verurteilt, von denen er fünf Monate absitzen musste.

Nach der Freilassung Ende Mai 1940 arbeitete von Jan für drei Jahre an verschiedenen Orten in Bayern, bis er Mitte 1943 in eine Strafkompanie an die Ostfront einberufen wurde. Wegen einer Gelbsuchterkrankung kehrte er nach vier Monaten zurück, hatte aber den restlichen Krieg über noch Militärdienst zu leisten. 1964 ist Julius von Jan in Korntal gestorben. Sein Beispiel lehrt uns, wie wichtig es ist, in schwieriger Zeit die Wahrheit zu bekennen. Ein Gedenkort im Oberlenninger Kirchgarten erinnert an Pfarrer von Jan.

Sprach, als andere schwiegen: Pfarrer Julius von Jan.

Pfarrer Julius von Jan
1935 - 38 und 1945 -49

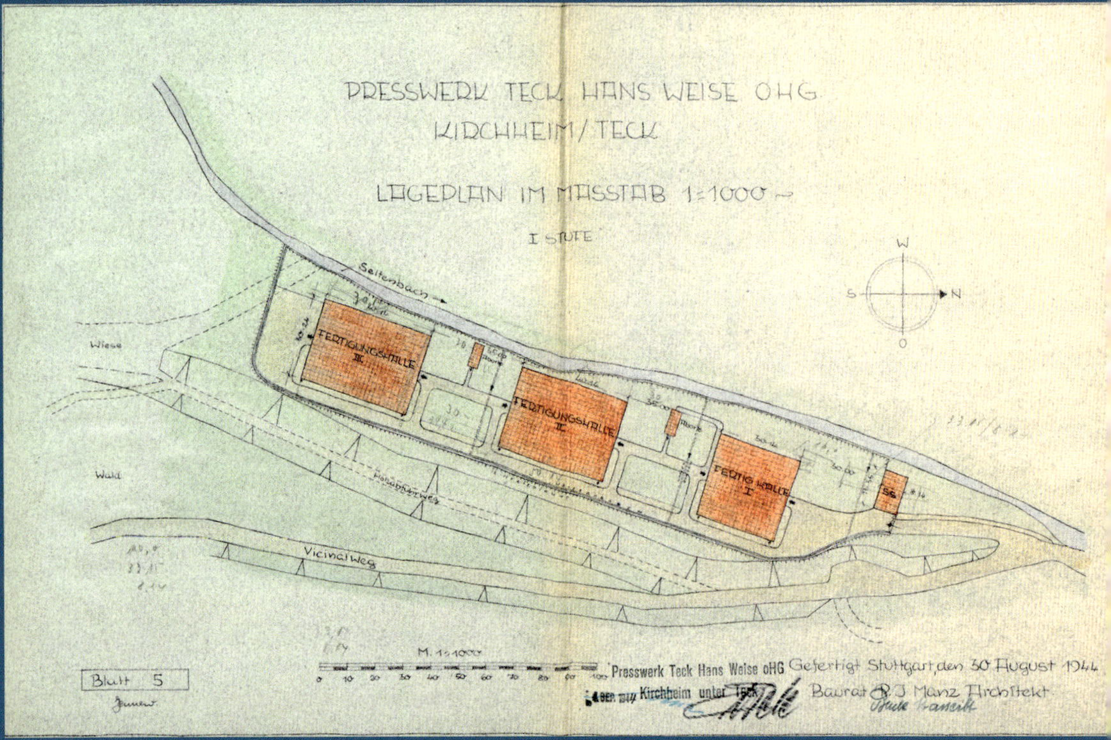
PRESSWERK TECK HANS WEISE OHG
KIRCHHEIM / TECK
LAGEPLAN IM MASSTAB 1:1000
I STUFE
Seitenbach
Wiese
Wald
Vicinalweg
FERTIGUNGSHALLE III
FERTIGUNGSHALLE II
FERTIG. HALLE I
W
S
N
O
M. 1:1000
Blatt 5
Presswerk Teck Hans Weise oHG
Kirchheim unter Teck
Gefertigt Stuttgart, den 30 August 1944
Baurat R. J. Manz Architekt

1944

Das Seltenbachtal und die geplante KZ-Außenstelle Schlattstall

Bei manchen Dingen ist man sehr froh, dass sie nicht Wirklichkeit wurden. Wer heute im idyllischen Seltenbachtal bei Schlattstall spazieren geht, würde kaum vermuten, dass dort um ein Haar gegen Ende des Zweiten Weltkriegs eine Außenstelle des KZ Natzweiler entstanden wäre.

Anlass war die Rückverlegung des Konzentrationslagers Natzweiler-Struthof und seiner Insassen aus dem Elsass ins Innere des Reichs, als die Alliierten nach der Landung in der Normandie am 6. Juni 1944 dorthin vorzustoßen drohten. Ein Einsatzbefehl vom 26. September 1944 nennt eine Reihe von Orten, an die Häftlingsgruppen mit Wachmannschaften zum Arbeitseinsatz verbracht werden sollten. Darunter auch ein »Presswerk Kirchheim in Schlattstall«. In diesem Presswerk sollten mittels energiesparender Kaltverformung Munitionsringe für Infanteriegeschosse und die Streubombe *SD4 HL* hergestellt werden, die deren Flugbahn stabilisierten. Das Unternehmen, das diese Technologie entwickelt hatte, *Emil Helfferich Nachfolger* in Kirchheim, hatte dafür zum 1. Juni 1944 eigens eine Tochterfirma gegründet, die *Presswerk Teck oHG*. Weil es in der Spätphase des Krieges allenthalben an Arbeitskräften mangelte, organisierte der Geschäftsführer der *Presswerk Teck oHG* die Zuweisung von KZ-Häftlingen aus Natzweiler, dessen Evakuierung am 1. September 1944 angeordnet worden war. Als Standort für das neue Werk wurde ein abgelegenes Seitental bei Schlattstall, das Seltenbachtal, ausgewählt und am 4. September 1944 ein Baugesuch hierfür beim Landratsamt Nürtingen eingereicht, das neben drei Fertigungshallen auch eine SS-Wachbaracke umfassen sollte. Kurz darauf wurde mit dem Bau begonnen. Allerdings nur schleppend, zum einen, weil das Baumaterial fehlte, und außerdem war der Winter 1944/45 sehr kalt. Im Frühjahr 1945, als die Front in unmittelbare Nähe kam, wurden die Bauarbeiten eingestellt.

Wer heute im Seltenbachtal spazieren geht, sieht nur noch die Planierungen für die Fertigungshallen im Gelände sowie einige Armierungen aus Beton. Der Rest des Fabriktorsos ist inzwischen abgerissen. Es hat aber nicht allzu viel gefehlt, und es wären tatsächlich KZ-Häftlinge ins idyllische Seltenbachtal gebracht worden, um dort unter unmenschlichen Bedingungen Munitionsteile für einen unsinnigen und längst verlorenen Krieg zu fertigen. Dass es nicht dazu kam, liegt daran, dass der Krieg früher zu Ende ging als gedacht, nicht am mangelnden Willen der beteiligten Akteure. Eine Mahnung für uns, welch ein verbrecherischer Wahnsinn einst in Deutschland getobt hat.

▲ Plan des »Presswerks Teck« von 1944. ▼ Heute weist nur noch das planierte Gelände auf das unvollendete Bauprojekt hin.

1945

»Der dümmste aller Kriege«: die »Albfestung«

»Der dümmste aller Kriege«: So nannte meine Großmutter den Zweiten Weltkrieg. Besonders unsinnig waren die Opfer der letzten Monate, als der Krieg längst verloren war und Aufgeben das Gebot der Stunde hätte sein müssen. Stattdessen wurde für den »Endsieg« einer zutiefst verbrecherischen Ideologie gekämpft.

An solch ein tragisches Opfer erinnert das Soldatengrab am Sattelbogen am Albrand östlich des Jusi für den am 23. April 1945 in unmittelbarer Nähe getöteten Obergefreiten Friedrich Schur aus Kohlberg.

In der letzten Märzwoche 1945 erreichten zwei amerikanische Armeen und eine französische den Rhein zwischen Mannheim und Karlsruhe. Während die Franzosen nun südwärts Richtung Schwarzwald und von dort weiter zum Neckar zogen, um schließlich flussaufwärts nach Stuttgart vorzustoßen, orientierten sich die Amerikaner zunächst ostwärts, um dann entlang der rechten Neckarseite Richtung Süden zu marschieren. Die Trennlinie beider Armeen bildete der Neckar.

Am 19. April stießen US-Panzer von Norden auf Göppingen und Kirchheim vor, Reutlingen wurde am 20. von den aus Süden kommenden Franzosen besetzt. Damit drohten die rund um Stuttgart befindlichen deutschen Truppen eingeschlossen zu werden. Ihnen blieb als Rückzugslinie nur noch die Straße Plochingen–Nürtingen–Urach offen, die nun um jeden Preis gehalten werden musste. Vom Erreichen der Albhochfläche erhoffte man sich eine Atempause, da man sich dort leichter verteidigen zu können glaubte. Dies erklärt, warum bei Kohlberg am Sattelbogen am 23. April von deutschen Truppen noch erbittert Widerstand geleistet wurde.

Die sogenannte »Albfestung«, auf die sich die deutschen Soldaten zurückzuziehen suchten, war aber ein zahnloser Tiger: Weil es überall an Truppen und Material fehlte, war man gar nicht in der Lage, sich wirkungsvoll zu verteidigen, und die Amerikaner konnten über Kirchheim, Owen und Schopfloch nach Donnstetten auf die Albhochfläche gelangen. Am 24. April erreichten sie Ulm, während die verbliebenen deutschen Truppen sich weiter Richtung Alpen zurückzogen. Zwei Wochen später war der Krieg zu Ende, Deutschland musste kapitulieren.

Der Kohlberger Fritz Schur, und das ist das Tragische, ist also völlig umsonst gestorben. Eine verantwortungsvolle Militärführung hätte ihn vor diesem Schicksal bewahrt. Aber eine solche gab es im nationalsozialistischen Deutschland nicht, und so forderte ein unsinniger, verbrecherischer Krieg lauter unnötige Opfer.

Das Soldatengrab auf dem Sattelbogen sollte uns Mahnung sein, alles dafür zu tun, dass sich etwas Derartiges nicht wiederholen kann.

Dokument eines sinnlosen Todes: Soldatengrab auf dem Sattelbogen.

Ob. Gefr.
Schur
1945

1952

Wohin mit ihnen? Vertriebenensiedlung Hochwang

»Wir schaffen das.« Mit diesen Worten kommentierte Bundeskanzlerin Angela Merkel die Herausforderung der Flüchtlingskrise im Jahr 2015. Und sie hat recht: »Wir« haben noch ganz anderes geschafft, zum Beispiel die Eingliederung von mehr als 1,5 Millionen Heimatvertriebenen in Baden-Württemberg nach 1945.

Allein im Altkreis Nürtingen kamen seit Oktober 1945 mehr als 27 000 Flüchtlinge an, ein Zuwachs von rund einem Drittel der Bevölkerung. Im Schnitt waren anfangs rund 5400 Menschen pro Monat unterzubringen, eine gewaltige Herausforderung, der die Gemeinden nur dadurch Herr wurden, dass sie die Menschen in Massenunterkünften unterbrachten, wie in ehemaligen Fremdarbeiterbaracken. Dort waren aber die räumlichen Verhältnisse äußerst beengt und die hygienische Situation oft katastrophal. Noch im August 1949 teilten sich bei rund 200 Familien im Altkreis Nürtingen fünf bis acht Personen ein Zimmer.

Es mussten also dringend bessere Wohnverhältnisse geschaffen werden. Ein schönes Beispiel dafür, wie kreativ man mit dieser gewaltigen Aufgabe umgehen konnte, ist die Siedlung Hochwang am Albrand oberhalb Lenningens, die in den 1950er und 1960er Jahren errichtet wurde. Treibende Kraft hierbei war der örtliche Papierfabrikant Klaus H. Scheufelen, der an der oft hochqualifizierten Arbeitskraft der Vertriebenen interessiert war.

Zusammen mit seinem Betriebsratsvorsitzenden Karl Bauer fand Scheufelen die Lösung, eine große Fläche von der Nachbargemeinde Erkenbrechtsweiler zu erwerben, auf der man eine Siedlung errichten konnte. Die Planung nach Art eines Gartendorfes übernahm der Stuttgarter Architekt Hans Eitel. Zur Finanzierung wurde eine Baugenossenschaft gegründet.

Baubeginn war im September 1952, bereits am 2. August 1953 konnte die erste Familie in ihr Haus in der *Hochwang* genannten Siedlung einziehen. Im Dezember 1955 lebten bereits fast 500 Menschen dort. 1966 wurde der letzte Bauabschnitt vollendet. Zur besseren Verkehrsanbindung ins Tal wurde eine Albsteige gebaut. Insgesamt 184 Häuser mit 312 Wohnungen zeugen vom gigantischen Aufbauwillen jener Zeit. Es ist auch nicht eingetroffen, was allgemein befürchtet worden war: dass sich die Siedlung zu einem Vertriebenenghetto entwickeln würde. Dazu waren die Kontakte in die Nachbarorte und am Arbeitsplatz viel zu eng.

Dass es damals in einer solch schwierigen Situation trotz aller Gewöhnungsprobleme nicht zu schweren Konflikten gekommen ist, sondern es so gut gelungen ist, mit dem Problem der Wohnungslosigkeit von Flüchtlingen fertig zu werden, sollte uns Mut für unsere aktuellen Herausforderungen machen.

Die Vertriebenensiedlung Lenningen-Hochwang. Bauzeit 1952–66.

1956

Renaissance des Glaubens? St. Johannes in Nürtingen

Nach der Apokalypse des Zweiten Weltkrieges stellte sich drängend die Frage: Wie soll es weitergehen? »Not lehrt beten«, heißt ein bekanntes Sprichwort, und tatsächlich hofften die Kirchen auf eine Renaissance des Glaubens in einer Zeit schwerer Krise.

Diese Erwartung drückte sich auch in zahlreichen neuen Kirchenbauten aus, die in den 1950er und 1960er Jahren in der Bundesrepublik realisiert wurden. Zusätzlicher Bedarf entstand durch die Millionen Vertriebener und Flüchtlinge aus dem Osten, die nach 1945 nach Westdeutschland strömten, die meisten von ihnen Katholiken.

So hat uns diese Zeit baulich und künstlerisch zum Teil sehr interessante Kirchengebäude hinterlassen. Ein schönes Beispiel ist St. Johannes in Nürtingen. Der Architekt Hans Lütkemeier hat sich bei der Gestaltung des Kirchenraums an den Bettelordenskirchen Oberitaliens mit flach geneigtem Dach und einfachem Saal orientiert, ergänzt um einen freistehenden Glockenturm. Der Kirchenraum selbst ist trapezförmig angelegt und verjüngt sich etwas bis zum Altarraum, der im Unterschied zum Langhaus in helles Licht getaucht ist.

Wunderschön inszeniert ist die Chorwand durch das von Otto Herbert Hajek gestaltete Altarbild »Himmlisches Jerusalem«. Hajek hat hier mit den drei Grundfarben sowie drei geometrischen Grundformen, Dreieck, Rechteck und Schrägbalken, gearbeitet, die für die drei Personen Gottes stehen. Die Struktur des Bildes besteht aus zwölf Quadraten; die Zwölfzahl symbolisiert die Stadttore der heiligen Stadt Jerusalem, deren Abbild die Kirche sein soll.

Dadurch erhält der Kirchenraum eine Aura des Besonderen, Erhabenen, die das Bedürfnis des Menschen nach Erlösung von den Mühen der leidgeplagten irdischen Welt widerspiegelt, wie sie im Kirchenraum durch den Jerichofries an der Empore dargestellt wird. Hier sind die Farben matt und von Beige- und Grautönen durchzogen.

Als die Kirche 1956 eingeweiht wurde, stand man in Westdeutschland am Anfang der Wirtschaftswunderjahre. Aber auch wenn sich im Land nunmehr materieller Wohlstand breitmachte und Frieden herrschte, waren doch die Schrecken des Krieges und der NS-Diktatur noch allzu gut in Erinnerung.

Zur erhofften großen »Renaissance« des Christentums im Nachkriegsdeutschland zu einer breiten Massenbewegung ist es langfristig zwar nicht gekommen, aber man kann Kirchen wie St. Johannes in Nürtingen auch als Mahnung lesen, wie bedroht und zerbrechlich menschliches Glück doch ist, bei gleichzeitiger Hoffnung auf Erlösung. Ein gelungener, sehenswerter Ort der Andacht.

Chorraum von St. Johannes in Nürtingen.

1967

Die Domnicks: Kunstsammler

Leben mit Kunst: Kaum jemand hat das so wörtlich genommen wie das Stuttgarter Ärzteehepaar Ottomar und Greta Domnick. Auf der Oberensinger Höhe, wo sie sich eine Villa bauen ließen, kann man heute ihre Sammlung abstrakter Kunst bewundern.

Mit »Wohnen im Museum« lässt sich treffend das Projekt beschreiben, das die Domnicks mit Hilfe des Architekten Paul Stohrer und einer Sondergenehmigung der Stadt Nürtingen 1967 realisiert haben. Bis zu diesem Zeitpunkt hatte das Ehepaar schon eine stattliche Sammlung zusammengetragen: Ottomar und Greta Domnick, die seit 1938 zunächst in Bad Cannstatt und später in Stuttgart eine eigene Klinik leiteten, hatten bereits frühzeitig abstrakte Kunst zu sammeln begonnen, wobei ihnen der Nachbar und Freund Willi Baumeister sowie der Kunsthistoriker Hans Hildebrandt halfen.

Schon bald hatte die Sammlung so große Ausmaße angenommen, dass sie 1952 in den unteren Marmorsaal der Staatsgalerie umzog. Allerdings ergaben sich bald Schwierigkeiten bei der Zusammenarbeit, so dass die Bilder der Domnicks im Depot verschwanden.

Die Lösung wurde schließlich 1967 dadurch gefunden, dass die Domnicks sich bei Oberensingen ein eigenes Anwesen bauen ließen, das aus einer geschickten Kombination von Wohn- und Museumsräumen besteht. 1977 wurde das Areal um einen Skulpturengarten erweitert, so dass sich aus der modernistischen, in Sichtbeton gehaltenen Villa, deren Einrichtung, den in den Innenräumen gezeigten Sammlungsstücken sowie den Skulpturen im Außenbereich ein bemerkenswertes Gesamtkunstwerk ergibt.

Über einen Erbvertrag regelten die Domnicks die Übergabe ihrer Sammlung an eine landeseigene Stiftung, die heute das Anwesen verwaltet. Bemerkenswert ist auch die Kombination von moderner und afrikanischer Kunst: In der Sammlung hängen auch einige afrikanische Masken, die zu interessanten Querverbindungen anregen.

Wer heute durch die Räume der Villa Domnick wandelt, ist beeindruckt von der Konsequenz, mit der das Sammlerehepaar die Einheit von Kunst und Leben umgesetzt hat. Ottomar und Greta Domnick haben außerdem Drehbücher geschrieben sowie Dokumentar- und Spielfilme produziert: Ihr bekanntestes Werk ist der avantgardistische Film *Jonas*. Daneben hatten beide eine Leidenschaft für schnelle Autos: Ottomar, gelernter Mechaniker, war der erste Kunde, der nach dem Krieg bei Porsche in Zuffenhausen seinen Sportwagen abholte.

Heute lässt sich auf der Oberensinger Höhe in die Welt zweier Kunstliebhaber eintauchen, die ihre Leidenschaft bis zur Perfektion lebten und ein Gesamtkunstwerk hinterlassen haben, das man nur bewundern kann. www.domnick.de

▲ Blick von außen auf die Villa Domnick und ▼ ins Innere.

1968

Endstation: Neckarhafen Plochingen

Manche Kanalbauten haben in Deutschland eine besondere Geschichte. Was Karl der Große einst geplant hatte, eine Verbindung zwischen den beiden großen Wasserstraßen Rhein und Donau, wurde erst mehr als tausend Jahre später, 1992, durch den Rhein-Main-Donau-Kanal vollendet. Es hat nicht viel gefehlt, und es wäre daraus ein Rhein-Neckar-Donau-Kanal geworden.

Erste Vorüberlegungen zum Bau eines Neckar-Donau-Kanals reichen bis ins ausgehende 18. Jahrhundert zurück. Da die Schwäbische Alb früher nur mühselig zu überqueren war, gab es ein großes Interesse an einem alternativen Verkehrsweg. Die ersten Kanalplanungen gingen von einem Trassenverlauf über Rems, Kocher und Brenz zur Donau aus. Aufgrund der hohen Kosten wurde aber, trotz mehrerer Anläufe, nichts daraus. Erst um 1900 erlebte das Projekt über ein *Comité zur Hebung der Neckarschifffahrt* einen neuen Aufschwung, aber die gigantischen Kosten ließen es wieder scheitern. Die Idee eines Kanals über die Schwäbische Alb blieb jedoch bestehen. 1916 wurde der *Südwestdeutsche Kanalverein* gegründet, der die Trasse überarbeiten ließ und sie nunmehr durch das Filstal bis Geislingen und von dort weiter nach Ulm führen wollte. 1921 legte der *Neckar-Donau-Staatsvertrag* drei Etappen dieser Wasserstraße mit Mannheim, Plochingen, Geislingen und Ulm als Endpunkten fest, der letzte Abschnitt war als Überlandstrecke vorgesehen. 1935 wurde die erste Teilstrecke von Mannheim bis Heilbronn eingeweiht. Anschließend projektierte Otto Konz im Auftrag des Kanalvereins einen *Süddeutschen Mittellandkanal* von der Fils zur Donau, der von Bad Überkingen über einen 25 Kilometer langen Tunnel mit zwei Schiffshebewerken nach Ulm führen sollte. Inzwischen hatte die Politik jedoch anders entschieden: 1938 schrieb ein Gesetz einen Kanalverlauf vom Main zur Donau vor – so, wie er schließlich auch umgesetzt wurde.

Ab 1949 nahm man den Ausbau des Neckars für die Schifffahrt von Heilbronn flussaufwärts in Angriff. 1964 bis 1968 wurde die letzte Etappe ab Stuttgart bis Plochingen ausgebaut, das bis heute den Endpunkt der Wasserstraße bildet. Dort erwarten den Besucher beeindruckende Hafenanlagen. Was sich dadurch völlig verändert hat, ist der Charakter des Neckars. Vom natürlichen Flussverlauf ist fast nichts mehr zu sehen. Anlässlich der Landesgartenschau 1998 wurde das nicht mehr schiffbare Flussgebiet oberhalb des Hafengeländes teilweise renaturiert, als Ergänzung zum Landschaftspark Bruckenwasen. Ingenieurbaukunst und Erholungsbedürfnis treffen hier also auf engstem Raum aufeinander – eine spannungsvolle Kombination, die den Besuch lohnt.

▲ Hebewerk des geplanten »Neckar-Fils-Kanals«. ▼ Der Plochinger Neckarhafen heute.

Schiffshebewerk:
Trogwagenfahrt auf flachgeneigter Ebene

1985 bis 1997

Zwischen Grundversorgung und Energiewende: Kraftwerk Altbach

Eine möglichst umweltverträgliche Energiegewinnung ist angesichts des Klimawandels und zunehmend knapperer Ressourcen eine der zentralen Fragen unserer Zeit. Im Zeichen des Ukrainekrieges hat aber auch die Frage der Energiesicherheit eine ungeahnte Bedeutung gewonnen.

In diesem Spannungsfeld bewegt sich der Betrieb des Steinkohlekraftwerks Altbach. 1899 war es von Heinrich Mayer als *Kraftcentrale* für die *Neckarwerke* in Betrieb genommen worden, und noch heute produziert es unter Regie der *EnBW* Energie für die Region, inzwischen aber in ganz anderen Dimensionen.

Kurz nach dem Ende des Zweiten Weltkriegs entstand der Vorläufer des heutigen Kraftwerks. 1958 wurden die Blöcke 1 und 2 in Betrieb genommen, Block 3 folgte 1960, ein vierter Block 1971. Nur der letztere ist noch in Betrieb, die ersten drei sind inzwischen abgerissen und durch Neubauten ersetzt.

Heute imponieren die von weitem sichtbaren Zwillingsschornsteine der beiden 1985 und 1997 errichteten Heizkraftwerke mit einer stattlichen Höhe von 250 Metern. Die gesamte Kraftwerksanlage kommt auf eine maximale Leistungsfähigkeit von rund 1023 Megawatt netto. Die beiden Heizkraftwerke sollen in Kürze durch einen neuen gasbetriebenen Kraftwerksblock abgelöst werden, der später auf Wasserstoffbetrieb umgerüstet werden kann.

Über ein Fernwärmeleitungsnetz liefert das Kraftwerk Industriebetrieben im Neckartal wie *Daimler* und Privathaushalten seit vielen Jahrzehnten zuverlässig Energie. Und eine verlässliche Energieversorgung ist viel wert.

Über den praktischen Aspekt hinaus ist das Kraftwerk Altbach aber auch landschaftsprägend geworden. Seine wie zwei gigantische Stecknadeln wirkenden Schornsteine ragen über das Neckartal so sehr hinaus, dass sie selbst von den weit entfernten Aussichtsbergen Teck, Neuffen oder Jusi gut sichtbar sind und uns an die Gegebenheiten der modernen Industriegesellschaft erinnern, in der wir leben.

250 Meter sind die beiden Schornsteine des Kraftwerks Altbach hoch.

2003

Figur und Abstraktion: Fritz Ruoff

Seit der Erfindung der Fotografie hat sich die bildende Kunst zunehmend vom Dogma gegenständlicher Reproduktion der Wirklichkeit befreit. Bis zur radikalen Abstraktion war es aber noch ein weiter Weg. Der Nürtinger Künstler Fritz Ruoff ist ihn gegangen.

Ruoff, am Silvestertag 1906 in Nürtingen geboren, war gelernter Holzbildhauer und hat an seine Lehre ein Studium an der Kunstgewerbeschule Stuttgart angeschlossen, wo er Meisterschüler bei dem Bildhauer Alfred Lörcher war.

1933 musste Ruoff aus politischen Gründen die Schule verlassen; er verbrachte auch eine kurze Zeit in Haft Anfang Mai 1933 in Rottenburg, weil er zusammen mit zwei anderen Schülern Lörchers das kommunistisch orientierte »Rote-Graphik-Kollektiv« gebildet hatte. Danach lebte Ruoff zurückgezogen als freischaffender Künstler, bis er sich nach dem Ende der NS-Diktatur 1945 wieder öffentlich künstlerisch betätigen konnte.

1947 gründete er zusammen mit HAP Grieshaber, Richard Raach, Walter Renz, Hermann Krimmer und Werner Oberle die Künstlergruppe »Die Freunde« und knüpfte Kontakte zu zahlreichen namhaften Künstlern.

Für Ruoffs künstlerischen Weg im Laufe der Jahrzehnte ist eine relative Eigenständigkeit und Vielseitigkeit charakteristisch. Während seine frühen, expressionistisch geprägten Arbeiten noch den ganz aufs Figürliche konzentrierten Bildhauer erkennen lassen, der mit ihnen traumatische Ereignisse wie den Zweiten Weltkrieg, in dem er als Soldat diente, verarbeitete, hat sich Ruoff im Laufe der Zeit von diesem Korsett befreit und den Weg zur radikalen Abstraktion auf das Wesen der Form beschritten, was seinen Arbeiten eine Wendung ins Meditative gibt. Für Ruoff war die Form eine geistige Kraft.

Nach Fritz Ruoffs Tod 1986 kümmerte sich dessen Witwe Hildegard engagiert um die Pflege des Werks. Ein großer Teil davon hat in einer Villa in der Nürtinger Schellingstraße 12 einen würdigen Platz gefunden, in der neben wechselnden Werkschauen auch Sonderausstellungen gezeigt werden. 2003 ist die Sammlung in die Fritz und Hildegard Ruoff Stiftung überführt worden, die treuhänderisch von der Stadt Nürtingen geführt wird. Liebhabern moderner Kunst sei diese nur wenig bekannte Perle zum Besuch empfohlen. www.ruoff-stiftung.de

▼ Ohne Titel, 1962.

2008

Landschaft als Weltkulturerbe: Biosphärengebiet Schwäbische Alb

Analog zum bekannten Motto »Schwerter zu Pflugscharen« könnte man auch formulieren: »Truppenübungsplätze zu Naturschutzgebieten«. Ein schönes Beispiel einer solchen Umnutzung ist die Gründung des Biosphärengebiets Schwäbische Alb.

Nachdem die Bundeswehr 2005 ihren Truppenübungsplatz bei Münsingen verlassen hatte, stellte sich die Frage nach einer zukünftigen Nutzung des Gebiets. Da das Areal lange militärischer Sperrbezirk gewesen war, hatten sich viele Arten dort relativ ungestört entwickeln können, was nahelegte, daraus ein Naturschutzgebiet zu machen. Auf Grundlage des neuen Landesnaturschutzgesetzes von 2006 wurde beschlossen, das Gelände zu einem *Biosphärengebiet* zu erklären. Im März 2008 erfolgte die Ausweisung durch die Landesregierung, im Mai 2009 die Anerkennung durch die *UNESCO*.

Ziel eines Biosphärengebiets ist es, die betreffende Region zum Modell für eine nachhaltige Entwicklung zu machen. Dabei geht es unter anderem um den Erhalt der biologischen Vielfalt, die Förderung regionaler Wertschöpfungsketten, von nachhaltigem Tourismus, kommunaler Entwicklung und nachhaltiger Mobilität, Klimaschutz, historisch-kulturellem Erbe und regionaler Identität. Hierzu informiert das *Biosphärenzentrum Schwäbische Alb* im Alten Lager des ehemaligen Truppenübungsplatzes, das auch Veranstaltungen anbietet und pädagogisch arbeitet.

Schon vor der Gründung des Biosphärengebiets ist das bereits 1989 eröffnete *Naturschutzzentrum* (NSZ) *Schopfloch* auf dem Gelände eines ehemaligen Steinbruchs entstanden. Das NSZ betreut drei Naturschutzgebiete, darunter das *Schopflocher Moor*, aus dem früher Torf abgebaut wurde. Auf einem Bohlenweg können Besucher über die noch erhaltene Moorfläche laufen; das Projekt »Wiedervernässung« will den Moorbestand sichern und ausweiten.

Ein weiteres Naturschutzgebiet ist das *Randecker Maar*, das sich auf dem Gelände eines ehemaligen Maarkraters gebildet hat. Der Name leitet sich von einer ehemaligen Burgstelle ab, an deren Platz sich heute ein Hofgut befindet. Das Randecker Maar ist eine reizvolle, parkartige gegliederte Landschaft, die zu Spaziergängen mit lohnenden Ausblicken einlädt. Die Flora ist hier sehr artenreich. Einen schönen, felsenreichen Abstieg bietet die angrenzende Zipfelbachschlucht.

Ebenfalls unter Naturschutz steht die Landschaft des *Lenninger Tals*. Im NSZ selbst gibt es eine sehenswerte Ausstellung; außerdem finden dort zahlreiche Veranstaltungen statt, und es ist Ausgangspunkt von geführten Touren durch die Umgebung. Landschaftspflege in einem umfassenden Sinne, die unbedingt erlebt werden sollte.

www.biosphaerengebiet-alb.de; www.naturschutzzentrum-schopfloch.de

Das Donnbachtal im Biosphärengebiet Schwäbische Alb.

2006

Städtebau der Zukunft? Scharnhauser Park

Aufgehobene Kasernen wecken angesichts von Wohnungsnot und knappem Baugelände die Begehrlichkeiten von Stadtplanern und Immobilieninvestoren, weil dort auf oft riesigen Flächen mit dem Reißbrett ganze Stadtviertel neu entstehen können. Doch auch hier gilt: »Es kommt drauf an, was man draus macht.«

Ein besonders gelungenes Beispiel für die Umnutzung eines solchen Geländes ist der *Scharnhauser Park* in Ostfildern. Ihren Namen hat die Siedlung von einem ehemaligen Privatgestüt erhalten, das König Wilhelm I. von Württemberg hier 1817 gegründet hatte. In den 1930er Jahren kamen im Zuge der nationalsozialistischen Aufrüstung Luftwaffensoldaten nach Nellingen, weil dort ein Flugplatz eingerichtet wurde. Die hierfür erforderlichen Kasernengebäude entstanden auf dem Gelände des Gestüts. Nach dem Zweiten Weltkrieg wurde die Kasernenanlage von den Amerikanern übernommen. Nach ihrem Abzug eröffnete sich dann die seltene Chance der Neugestaltung eines riesigen Areals in unmittelbarer Nähe zu Stuttgart, das durch seine Kessellage ja Probleme mit räumlicher Expansion hat.

Die Planer Alban Janson und Sophie Wolfrum haben diese Chance eindrucksvoll genutzt und das neue Stadtviertel zu einer ebenso ästhetisch ansprechenden wie funktional überzeugenden und ökologisch durchdachten Modellsiedlung entwickelt. Kern ihres Konzepts ist eine das Gebiet von Nord nach Süd durchquerende Landschaftstreppe, die sämtliche Teile des Geländes fußläufig erschließt. Beim Blick von oben, aber auch beim Gang durch die Straßen zeigt sich eine bemerkenswerte Harmonie der Baukörper. Straßenfluchten ergeben reizvolle Perspektiven.

Die Anbindung an den öffentlichen Nahverkehr über die Stadtbahn ist vorbildlich und auch ästhetisch gelungen, weil die Bahn hier nicht Verkehrswege und Siedlungsstrukturen zerschneidet. Wichtige Einrichtungen sowie Geschäfte sind vor Ort vorhanden. Geschickt wurde 2002 die Landesgartenschau hierher geholt, wovon die Grünflächengestaltung profitiert hat. 2006 wurde der Park mit dem Deutschen Städtebaupreis ausgezeichnet.

Hier zeigt sich der Vorteil des Planens »aus einem Guss« gegenüber dem sonst oft zu beobachtenden Flickwerk in Neubaugebieten, wenn einem solchen Masterplan eine überzeugende Idee zugrunde liegt. Inzwischen hat der *Scharnhauser Park* auch ein lebendiges soziales Binnenklima entwickelt, das sich unter anderem im jährlich stattfindenden sommerlichen Feuerwerksfestival »Flammende Sterne« nach außen zeigt. Die trotz allem überschaubaren räumlichen Verhältnisse sowie eine intelligente Quartiersplanung bauen der Gefahr einer leblosen »Schlafstadt« wirkungsvoll vor.

Die Siedlung »Scharnhauser Park«, 2006 preisgekrönt.

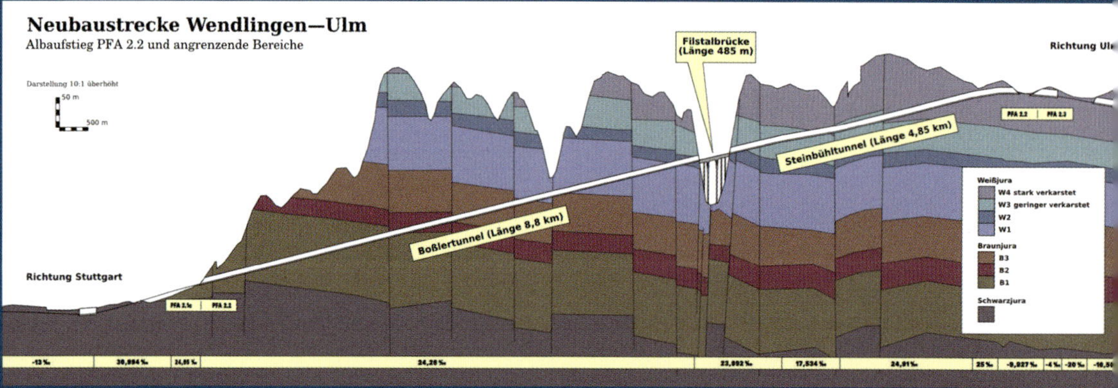

Neubaustrecke Wendlingen—Ulm
Albaufstieg PFA 2.2 und angrenzende Bereiche
Darstellung 10:1 überhöht
50 m
500 m
Richtung Stuttgart
Filstalbrücke (Länge 485 m)
Richtung Ulm
Boßlertunnel (Länge 8,8 km)
Steinbühltunnel (Länge 4,85 km)
PFA 2.2
PFA 2.3
Weißjura
W4 stark verkarstet
W3 geringer verkarstet
W2
W1
Braunjura
B3
B2
B1
Schwarzjura
-13 ‰
30,994 ‰
24,85 ‰
24,28 ‰
23,092 ‰
17,534 ‰
24,91 ‰
25 ‰
-9,827 ‰
-4 ‰
-20 ‰

2010

Rasend durchs Land: ICE-Neubaustrecke Ulm–Wendlingen

Höher, schneller, weiter … Das ist nicht nur die Devise Olympias, sondern auch der Moderne. Wir überwinden heute binnen kürzester Zeit riesige Distanzen, was an unsere Verkehrswege höchste Anforderungen stellt. Um den wachsenden Ansprüchen zu genügen, müssen sie laufend erneuert werden.

Ein solches gigantisches Erneuerungsprojekt ist die ICE-Neubaustrecke Ulm–Wendlingen, von der man sich lange Zeit kaum vorstellen konnte, wann sie fertig werden würde, weil sich Planung und Bau über mehrere Jahrzehnte hinzogen und viele Diskussionen mit sich brachten. Jetzt ist es so weit: Im Dezember 2022 ist die Teilstrecke Ulm–Wendlingen des Projekts *Stuttgart 21* eröffnet worden; die restlichen Abschnitte der Haupttrasse sollen ein paar Jahre später folgen.

Erste Planungen hatten in den 1980er Jahren begonnen, wobei lange Zeit diskutiert wurde, ob die bestehende Bahnstrecke Plochingen-Ulm ausgebaut und an einigen Stellen durch Tunnelbauten ergänzt oder eine komplett neue Trasse entlang der Autobahn projektiert werden solle. Schließlich entschied man sich 1992 für Letzteres, unter anderem weil sich so die geringsten Belastungen für die Anwohner ergeben würden. Die definitive Zustimmung der Politik zog sich allerdings bis 2006 hinaus, auch weil die Frage der Finanzierung lange noch ungeklärt war.

Mit dem Bau wurde im Herbst 2010 begonnen. Die neue Strecke misst 61 Kilometer, davon verläuft rund die Hälfte unterirdisch in fünf Tunneln, wovon der Boßler- (8,7 Kilometer) und der Albvorlandtunnel (8,2 Kilometer) die längsten sind. 20 Brücken und 17 Eisenbahnüberführungen wurden entlang der Trasse errichtet. Das spektakulärste Bauwerk ist die Filstalbrücke, die auf einer Länge von 485 Metern in 85 Meter Höhe das Tal der Fils bei Wiesensteig quer zum Albaufstieg der A 8 am Drackensteiner Hang überquert. Hier begegnet sich gleich zweierlei Brückenbauästhetik: die von Paul Bonatz errichtete Autobahnbrücke mit den langgezogenen, viaduktartigen Bögen und die auf wenigen schlanken Pfeilern ruhende moderne Schnellbahnbrücke.

Insgesamt überwindet die ICE-Bahntrasse einen Höhenunterschied von rund 500 Metern, wenn man den neuen Stuttgarter Hauptbahnhof mit 240 Meter als Ausgangspunkt zugrunde legt. Der höchste Punkt wird mit 746 Meter bei Hohenstadt erreicht; von dort fällt die Strecke wieder bis Ulm auf 478 Meter ab. Damit können nunmehr ICE-Schnellzüge mit einer Geschwindigkeit von bis zu 250 Kilometern in der Stunde an unserer Region vorbeirasen und so dem Reisenden wichtige Minuten sparen helfen. Über alldem sollte man allerdings nicht vergessen, ab und an auch einmal auszusteigen und die Schönheit der Landschaft zu genießen.

▲ Die Baustelle der Filstalbrücke im Februar 2019. ▼ Profil der Neubaustrecke.

2019

Gesicht des Strukturwandels: Steingauquartier

Hinter dem harmlos wirkenden Wort »Strukturwandel« können sich gewaltige Herausforderungen verbergen. Was dem Ruhrgebiet Kohle und Stahl ist, ist in Württemberg die Textilindustrie.

Von diesem einstigen Leitsektor der Industrialisierung haben nur wenige Unternehmen die Zeitläufte bis heute überstanden. Einer der Dinosaurier der Industrialisierung, die Kirchheimer Buntweberei *Kolb & Schüle*, hat es immerhin bis in die 1990er Jahre geschafft. Johannes Kolb, der das Manufakturwesen auf Auslandsreisen kennengelernt hatte, hatte 1760 mit herzoglicher Genehmigung eine Textilmanufaktur in der Stadt gegründet, in der er Barchent- und Baumwollstoffe fertigen ließ. Da er günstiger als die Konkurrenz produzierte, fanden seine Produkte reißenden Absatz. In der Folge wuchs das Unternehmen, das sich im Laufe der Zeit auf die Herstellung von Matratzendrellen, Bett- und Tischwäsche sowie Berufsköper spezialisierte, zum größten Arbeitgeber Kirchheims heran. 1898 wurde *Kolb & Schüle* eine AG, um den gestiegenen Kapitalbedarf zu stemmen. Zwei Weltkriege und zwei Währungsreformen überstand man; und bis in die 1960er Jahre galt *Kolb & Schüle* in Kirchheim als eine Institution. Dann zeichneten sich allmählich Schwierigkeiten ab, ausgelöst durch Billigkonkurrenz in Niedriglohnländern. Immerhin konnte man sich zunächst weiter halten, obwohl *Kolb & Schüle* über keine alternative Produktlinie verfügte, die das Wegbrechen des traditionellen Geschäftes kompensieren konnte.

Ende der 1980er Jahre stieg ein Vermögensverwalter als Großaktionär ein, der erkannt hatte, dass der Immobilienbesitz der Firma den Wert des Aktienkapitals erheblich übertraf. Fortan spielte sich »ein Stück Dallas im Schwabenland« ab. Die Textilproduktion wurde nach Griechenland ausgelagert, der Betrieb in Kirchheim stillgelegt. Der neue Großaktionär reichte seine Anteile an einen Käufer weiter, der das stillgelegte Werksgelände für Immobilienprojekte nutzen wollte. Inzwischen wurde die wirtschaftliche Situation des Unternehmens aber immer prekärer. Zahlreiche, hektisch getätigte Ankäufe von Textilfirmen konnten daran nichts ändern.

1997 wurde das Textilgeschäft ganz aufgegeben. Immobilien und dann Telekommunikation sollten die neuen Aktivitäten bilden. 2000 musste aber Insolvenz beantragt werden, 2019 wurde die Firma aus dem Handelsregister gelöscht. Auf dem früheren Werksgelände in Kirchheim erhebt sich heute das Steingauquartier, ein vielseitig und fantasievoll gestaltetes Wohngebiet. Dass hier einmal in großen Hallen Textilien produziert wurden, lässt sich kaum mehr erahnen.

▲ Dort, wo früher Matratzendrelle und Inletts produziert wurden, ▼ wächst seit 2019 das Steingauquartier empor.

Teilansichten aus der Spinnerei in Kirchheim u. T.

Der Teckberg von Westen.

Quellen und Literatur

Walter Bär: Der Neuffen. Neuffen 1992.

Frank Bauer / Holger Vornholt: Kirchheim unter Teck im Wandel der Zeit. Kirchheim 2021.

Jochen Bender: Geschichte des Scharnhauser Parks 1783–2004. Ostfildern 2004.

Gerhard Bleifuß: Baumwollfabrikanten in Württemberg. Die Familie Otto und ihre Firmen 1814–1914. Mannheim 2006.

Jörg Bofinger u. a.: Langhäuser und Keltengold am Albtrauf. Rettungsgrabungen im zukünftigen Gewerbegebiet am »Hegelesberg« bei Kirchheim unter Teck. In: Denkmalpflege in Baden-Württemberg 1 (2017), S. 36–41.

Jörg Bofinger (Hg.): Steinzeitdorf und Keltengold, in: Archäologische Informationen aus Baden-Württemberg 78 (2018).

Steffi Cornelius / Barbara Wehling: Hausgeschichten. Ein Führer durch das Freilichtmuseum Beuren. Esslingen 1995.

J. Dornfeld: Die Geschichte des Weinbaus in Schwaben. Stuttgart 1868.

Franz Fischer: Der Heidengraben bei Grabenstetten. Stuttgart ^{2}1979.

Elsbeth Gussmann / Rainer Kilian: Die Teck. Berg, Burg und Wanderheim. Kirchheim u. T. 1987.

Rainer Kilian (Hg.): Kirchheim unter Teck. Kirchheim u. T. 2006.

Bernhard Hauff / Rolf Bernhard Hauff: Das Holzmadenbuch. Holzmaden 1981.

Ulrich Knapp u. a.: Die Esslinger Frauenkirche. Esslingen/Neckar 1998.

Albert Lauffer: Die Martinskirche und die Gemeinde in Neckartailfingen. Neckartailfingen ^{3}1975.

Sönke Lorenz / Andreas Schmauder (Hgg.): Beuren und Balzholz. Filderstadt 2004.

Martin Luik / Fridolin Reutti: Der Römerpark in Köngen. Stuttgart 1988.

Christoph Morrissey: Alamannen zwischen Bodensee und Main. Karlsruhe 2013.

Christian Ottersbach / Claudius Ziehr: Esslingen am Neckar. Kunsthistorischer Stadtführer. Esslingen ^{2}2001.

Karin Peters: Herzogin Henriette von Württemberg. Kirchheim unter Teck 1975.

Manfred Reiner: Plochingen und der Neckar. Plochingen 1993.

Manfred Reiner: Plochingen und die Eisenbahn. Plochingen 1999.

Wilfried Rosendahl u. a.: Die Gutenberger Höhlen. Grabenstetten 1999.

Steffen Seischab: Land um Teck und Neuffen – zwischen Nazis und Kommunisten. Frickenhausen 2017.

Steffen Seischab: Nürtinger Köpfe. Nürtingen 2018.

Steffen Seischab: Aufstieg und Niedergang der Nürtinger Textilindustrie. Eine Erfolgsgeschichte auf Zeit. In: Nürtinger Zeitung 9.3.2019.

Steffen Seischab: Tradition als Herausforderung. Kolb & Schüle im 20. Jahrhundert (2020). Online unter: https://www.kirchheim-teck.de/de/Stadt-Rathaus/Unsere-Stadt/Stadtarchiv/Kirchheimer-Stadtgeschichte/Kirchheimer-Aufsaetze

Steffen Seischab: Bitteres Ende. Das letzte Jahrzehnt von Kolb & Schüle 1989–2000 (2021). Online unter: https://www.kirchheim-teck.de/de/Stadt-Rathaus/Unsere-Stadt/Stadtarchiv/Kirchheimer-Stadtgeschichte/Kirchheimer-Aufsaetze

Steffen Seischab (Hg.): Provinz und Moderne im Land um Teck und Neuffen. Frickenhausen 2021. [mit Beiträgen von Bernd Löffler (Max Eyth) und Eberhard Sieber (Friedrich Tritschler und Philipp Jakob Manz)]

Ruine der Burg Reußenstein oberhalb von Neidlingen.

Thomas Scheuffelen: Mörike in Ochsenwang. Marbach 1983.

Heinrich Werner: Kloster Denkendorf. Denkendorf o. D.

Evangelische Stadtkirche St. Dionys Esslingen am Neckar. Regensburg ²2002.

Im Schwabenland eine neue Heimat gefunden. Nürtingen 1989.

St. Johannes Nürtingen. 100 Jahre Kirchweihe – 50 Jahre eigenständige Pfarrei. Tübingen 2006.

Unsere Heimat – die Kirche. Aus Geschichte und Gegenwart des evangelischen Kirchenbezirks Nürtingen. Nürtingen 1931.

https://www.domnick.de/erlebnis-sammlung-domnick (5.6.2022)

https://www.koengen.de/start/Unsere+Gemeinde/Ulrichsbruecke.html (5.6.2022)

http://www.moerikehaus-ochsenwang.de (5.6.2022)

https://www.nuertingen.de/de/nuertingen-fuer-alle/stadt-nuertingen/nuertinger-persoenlichkeiten/friedrich-hoelderlin (5.6.2022)

https://www.ruoff-stiftung.de/index.php?id=86 (5.6.2022)

https://de.wikipedia.org/wiki/Flughafen_Stuttgart (5.6.2022)

https://de.wikipedia.org/wiki/Heizkraftwerk_Altbach/Deizisau (5.6.2022)

https://de.wikipedia.org/wiki/Lustschloss_Scharnhausen (5.6.2022)

https://de.wikipedia.org/wiki/Neubaustrecke_Wendlingen-Ulm (5.6.2022)

https://de.wikipedia.org/wiki/Ottomar_Domnick (5.6.2022)

https://de.wikipedia.org/wiki/Schloss_Kirchheim_(Teck) (5.6.2022)

Einheizen im Sulzgrieser Backhaus, Freilichtmuseum Beuren.

Adressen und Informationen

Esslinger Stadtmarketing & Tourismus GmbH
Marktplatz 16
73728 Esslingen/Neckar
0711 39693969
info@esslingen-marketing.de
www.esslingen-marketing.de

Freilichtmuseum Beuren
In den Herbstwiesen
72660 Beuren
0711 3902-41890
info@freilichtmuseum-beuren.de
www.freilichtmuseum-beuren.de
April–Oktober Di–So 9-18 Uhr
(an Feiertagen auch montags)

Fritz und Hildegard Ruoff Stiftung
Schellingstraße 12
72622 Nürtingen
07022 213437
info@ruoff-stiftung.de
www.ruoff-stiftung.de
Sa, So 14–18 Uhr (im August geschlossen)

Burgruine Hohenneuffen
07125 158490 (Info Residenzschloss Urach)
info@festungsruine-hohenneuffen.de
www.festungsruine-hohenneuffen.de
April–Oktober Mo, Di, So 9–19 Uhr,
Mi–Fr 9–22 Uhr, November–März täglich 9–17 Uhr

Literarisches Museum Kirchheim unter Teck im Max-Eyth-Haus
Max-Eyth-Straße 19
73230 Kirchheim unter Teck
07021 502377
museum@kirchheim-teck.de
Di–Fr 10–12, 13–17 Uhr; Sa, So,
feiertags 10–15 Uhr

Mörikehaus Ochsenwang
Eduard-Mörike-Straße 15
73266 Bissingen-Ochsenwang
07023 2304
moerikehaus.ochsenwang@web.de
www.moerikehaus-ochsenwang.de
jeden 1. Sonntag im Monat 11.30–17 Uhr

Museum für Papier- und Buchkunst im Lenninger Schlössle
Schlossrain 15
73252 Lenningen
07026 60940
www.lenningen.de/freizeit-gaeste/kultur/museum-fuer-papier-buchkunst
Sa 10–12, So 14–17 Uhr

Naturschutzzentrum Schopfloch
Vogelloch 1
73252 Lenningen
07026 950120
info@naturschutzzentrum-schopfloch.de
www.naturschutzzentrum-schopfloch.de
Mai–Oktober Di–Sa 10–17,
So und feiertags 11–17 Uhr,
November–April Di–Fr 13–16, So 10–17 Uhr

Römerpark Köngen
73257 Köngen
07024 85802
museum@koengen.de
www.museum-koengen.de
April–Oktober und 1.11. Di–Do 9.30–12,
14–16 Uhr. 1. + 3. So im Monat und
feiertags 13–17 Uhr

Sammlung Domnick
Oberensinger Höhe 4
72622 Nürtingen
07022 51414
stiftung@domnick.de
www.domnick.de
Mai–Oktober Sa, So, feiertags 14–17 Uhr;
November–April So 14–17 Uhr

Stadtmuseum Kirchheim unter Teck im Kornhaus
73230 Kirchheim unter Teck
07021 502377
museum@kirchheim-teck.de
Die neue Dauerausstellung eröffnet voraussichtlich 2024.

Stadtmuseum Nürtingen
Wörthstraße 1
72622 Nürtingen
07022 75765
stadtmuseum@nuertingen.de
www.stadtmuseum-nuertingen.de
März–November Di, Mi, Sa 14.30–17;
So 11–18 Uhr. Dezember–Februar Di–Fr 14–18;
Sa, So, Feiertag 10–18 Uhr

Stadtmuseum Wendlingen
Kirchstraße 4
73240 Wendlingen
07024 466430
info@museum-wendlingen.de
www.museum-wendlingen.de
Sa 14–17, So 10–12,14–17 Uhr

Turmbibliothek Nürtingen
Ev. Stadtkirche St. Laurentius /
Stadtkirchengemeinde Nürtingen
Kirchstraße 6
72622 Nürtingen
turmbibliothek@evkint.de
Führungen nach Ankündigung und auf Anfrage

Urweltmuseum Hauff
Aichelberger Straße 90
73271 Holzmaden
07023 2873
kontakt@urweltmuseum.de
www.urweltmuseum.de
Di–So 9–17 Uhr

Die Esslinger Burg in der Abendsonne.

Vita

Dr. phil. Steffen Seischab, geboren 1969, lebt in Linsenhofen und ist Gymnasiallehrer für Latein und Geschichte. Diverse Veröffentlichungen zur Geschichte des Landkreises Esslingen.

Impressum

Sollte dieses Werk Links auf Webseiten Dritter enthalten, so machen wir uns die Inhalte nicht zu eigen und übernehmen für die Inhalte keine Haftung.

In diesem Buch wird aus Gründen der besseren Lesbarkeit das generische Maskulinum verwendet. Weibliche und anderweitige Geschlechteridentitäten werden dabei ausdrücklich mitgemeint, soweit es für die Aussage erforderlich ist.

1. Auflage 2023

Umschlaggestaltung: Björn Locke Curldesign, Nürtingen.

Layout und Satz: Silke Schüler, München.
Lektorat: Michael Raffel, Tübingen.

Printed in Poland by CGS Printing.

ISBN 978-3-8425-2405-7

Ihre Meinung ist wichtig für unsere Verlagsarbeit. Senden Sie uns Ihre Kritik und Anregungen unter **meinung@silberburg.de**

Besuchen Sie uns im Internet und entdecken Sie die Vielfalt unseres Verlagsprogramms: **www.silberburg.de**

Bildnachweis

Gemeindearchiv Bissingen/Teck: S. 77 unten; Seischab: S. 10/11, 15, 20, 23 unten, 31, 39, 44 unten, 72 oben, 76, 88 unten, 91, 112/113, 120; Württemberg. Buch der Wirtschaft. Stuttgart 1951: S. 5, 71 oben; Reiner Enkelmann: S. 9, 48 oben; Landesamt für Denkmalpflege/Yvonne Mühleis: S. 19; Atelier Weidner Händle, Stuttgart: S. 24; Staatsgalerie Stuttgart: S. 43 unten; privat: S. 44 oben; WLB Stuttgart: S. 47; Ulrike Zimmermann: S. 48 unten; Turmbibliothek Nürtingen: S. 51 unten; Annette Kliss/Hölderlin-Gymnasium Nürtingen: S. 52; Jochen Bender/Stadtarchiv Ostfildern: S. 55; Zur Erinnerung an die fünfzigjährige Geschäftstätigkeit von Herrn Heinrich Otto sen. Stuttgart 1895: S. 60; Städtische Museen Kirchheim unter Teck: S. 67; Deutsche Fotothek SLUB Dresden: S. 71 unten; Karl Mayer/J. L. Jetter: Unter der Teck. Kirchheim 1908: S. 75; Rolf Italiaander: Wolf Hirth erzählt. Berlin 1935: S. 77 oben; Stadtarchiv Kirchheim unter Teck: S. 80; Kreisarchiv Esslingen: S. 83, 92, 99 oben; Evangelische Kirchengemeinde Oberlenningen: S. 87; Gemeindearchiv Lenningen: S. 88 oben; Kath. Pfarrei St. Johannes Nürtingen: S. 95; Sammlung Domnick: S. 96; Neckarhafen Plochingen GmbH: S. 99 unten; EnBW AG: S. 100; Gerhard Dreher/Ruoff-Stiftung: S. 103 oben; Cyrill Harnischmacher/Ruoff-Stiftung: S. 103 unten; 200 Jahre Kolb & Schüle. Kirchheim 1960: S. 108 oben

Wikimedia Commons: Roman Eisele, CC BY-SA 4.0: S. 35, CC BY-SA 3.0: S. 6, 8, 116/117; Barockspot, CC BY-SA 4.0: S. 12; Roman Deckert, gemeinfrei: S. 16; Biblioteca Augustana der Fachhochschule Augsburg, gemeinfrei: S. 23 oben; André Karwath, CC BY-SA 2.5: S. 28; ufo 709, gemeinfrei: S. 32 oben; Landesarchiv Baden-Württemberg, H 107/7 Bd. 5 Bl. 8, gemeinfrei: S. 32 unten; http://www.kettererkunst.de/, gemeinfrei: S. 36; Maximilian Dörrbecker: S. 40, gemeinfrei; Harke, CC BY-SA 3.0: S. 43 oben; Immanuel Gottlob Brastberger: Evangelische Zeugnisse der Wahrheit. Stuttgart 1785, Vorsatz, gemeinfrei: S. 51 oben; Mönchsgrasmücke, CC BY-SA 4.0: S. 56; Michael Schönitzer: Die großen Deutschen im Bilde. 1936, gemeinfrei: S. 63; Giftzwerg 88, CC BY-SA 3.0: S. 64; Viktor Pröstler: Max Eyth. „Mein Leben in Skizzen". Ulm 1986, S. 33, gemeinfrei: S. 68 oben; Gerd Theißen: Max Eyth. Frankfurt 2006, S. 10, gemeinfrei: S. 68 unten; Xocolatl, gemeinfrei: S. 72 unten; CatalpaSpirit, gemeinfrei: S. 84 oben; Wo st 01, gemeinfrei: S. 84 unten; R.kaelcke, CC BY-SA 4.0: S. 104, 119; Brücke-Osteuropa, CC0: S. 107 oben; Gerd Leibrock, CC BY-SA 3.0 de: S. 107 unten; Störfix, gemeinfrei: S. 108 oben; Stoeffler, gemeinfrei: S. 108 unten; Stefan Karl, CC BY-SA 4.0: S. 115

Vordere Umschlagseite: Hauptbild: Burg Teck, © Jürgen Faelchle, Shutterstock; Bildleiste von links nach rechts: Ulrichsbrücke Köngen, Steffen Seischab; Segelfliegerei Bissingen/Teck 1928, Gemeindearchiv Bissingen/Teck; Esslingen, St. Dionys, Wikimedia Commons, © Roman Eisele, CC BY-SA 4.0; Hintergrundbild: Eßlingen, Matthäus Merian, Topographia Sueviae, 1643, gemeinfrei; Freisteller: Postmichelbrunnen Esslingen, Wikimedia Commons, © Xocolatl CC0 1.0.